知识生产的原创基地

BASE FOR ORIGINAL CREATIVE CONTENT

颉腾商业

JIE TENG BUSINESS

BENCHLEARNING

标杆学习

创建世界一流企业的必经之路

安秋明 张军 何伟 ◎著

浙江教育出版社·杭州

图书在版编目(CIP)数据

标杆学习 ：创建世界一流企业的必经之路 / 安秋明，张军，何伟著. -- 杭州 ：浙江教育出版社，2023.10
ISBN 978-7-5722-6698-0

Ⅰ. ①标… Ⅱ. ①安… ②张… ③何… Ⅲ. ①企业管理－经验－中国 Ⅳ. ①F279.23

中国国家版本馆CIP数据核字(2023)第187425号

标杆学习：创建世界一流企业的必经之路
BIAOGAN XUEXI：CHUANGJIAN SHIJIE YILIU QIYE DE BIJING ZHI LU
安秋明 张 军 何 伟 著

责任编辑 赵清刚
美术编辑 韩 波
责任校对 马立改
责任印务 时小娟
出版发行 浙江教育出版社
地址：杭州市天目山路 40 号
邮编：310013
电话：（0571）85170300-80928
邮箱：dywh@xdf.cn
印　　刷 文畅阁印刷有限公司
开　　本 710mm × 1000mm 1/16
成品尺寸 155mm × 220mm
印　　张 13.25
字　　数 159 千字
版　　次 2023 年 10 月第 1 版
印　　次 2023 年 10 月第 1 印刷
标准书号 ISBN 978-7-5722-6698-0
定　　价 69.00 元

前言

作为一个管理者，当你遇到一个新问题，你的第一反应是什么？从书中找答案？问问企业内部有经验的专家？看看外部好的实践做法，还是自己从头摸索？当我们面临转型、变革的问题时，我们该如何应对？基于经验的自我推演当然可以，但是向外看，一定也是个必选项。

标杆学习的价值常常被我们低估。有的人把标杆学习等同于参阅论文中的“文献综述”，认为其就是一个用来证明自己观点的论据。有的人把标杆学习当成一个开开眼界的说辞，漫无目的，只是一种体验。还有人把标杆学习当成一种焕发斗志的途径，通过持续学习，证明自己还没有躺平。

麦肯锡曾经说过一段话，大意是，世界上的事，你觉得新鲜的，大抵在别的地方、别的人身上已经发生过。所以，我们要学会站在“巨人”的肩膀上再出发，不要自己从头开始造轮子，要善于借历史的力，借经验的力。而其中最关键的地方，在于你知不知道别人曾经做过。如果你不想知道或者没能力知道，你就得从头开始。而如果你知道，则会给你提供很多新的选项、新的可能性。在商业世界里，当然生活也是一样，有选项、有可能性，总是更美好的事。

标杆学习，对企业而言，大抵也是如此。企业要讲求效率，讲求效果，就一定要思考如何更有效率地做出决策，而且要让做出的决策更有效果。标杆学习事关效率，也事关效果，最后，影响的是企业的经营逻辑、管理逻辑。

如今的时代是个信息过载的时代。要做出有效决策，信息输入是个大麻烦。信息量太多会干扰对重点的关注，信息不准会导致决策的误判，信息的滞后会造成行动的适用性挑战。标杆学习，其实就是一重有效的信息过滤。我们找到最佳实践的标杆企业，从它们的实践中提炼出“何以成功”的要素，然后以此指导我们自己的实践。向成功企业学习，才有机会与成功企业同行。

很多企业的内部管理流程也在不断被改造。比如，在做出任何一项有效决策之前，我们必须做扎实的外部调研，说清楚外部的优秀企业如何做，然后再提出自己企业这样变革的理由。在笔者走访的很多企业中，不仅是业务部门，甚至很多职能部门，也开始新增研究类的岗位，用以支持对标管理和管理决策。阿里巴巴、腾讯、京东等知名企业都设立了首席战略官（CSO）的职位，很多企业还有专门的战略研究部门，或与第三方智库合作。这种对标管理动作不断被强化，企业的管理效率也在不断被推升。

这些道理大家其实都很容易明白，但是，要把标杆学习落到实处，还有太多的说不清、道不明。比如说：

向标杆企业学习，谁是标杆企业？全社会都在学华为、学阿里巴巴，难道我也跟风去学习？还是在我自己的行业内选择？可是我所在行业的企业做得都很一般啊，怎么办？

向标杆企业学什么呢？它们的历史、创始人，总是有各种传奇的故事，这个学也学不来。学它们的研发、技术、市场、服务？这些非常专业的东西，它们也不会跟我们讲啊。

到标杆企业去应该怎么学呢？是看看展厅，逛逛实验室，还是体验体验一线，或者坐在会议室里听听高管的分享？哪种方式是最合适的标杆学习方法呢？

到标杆企业去看了、听了，和我们自己的业务怎么建立联系呢？回来怎么落地呢？去标杆企业学习的是一拨人，回来负责落地的是另一拨人，到底谁为标杆学习的落地负责呢？

我们的企业也经常被别人当作标杆来学习，我们应该和别人分享点什么呢？为什么华为、阿里巴巴的分享都是有体系、有方法论的，而我们的分享总是零零散散的？

…………

对标最佳实践，做标杆学习，我们还有很多需要回答的问题。

由博石教育发起并由国内众多标杆学习机构共建的标杆赋能研究院，在推动中国标杆学习行业发展的过程中，遇到过很多问题。在与客户合作的过程中，通过学前调研客户需求，学中引导大家深入交流，学后复盘总结学习成果，形成不同行业标杆学习的最佳实践。而本书的出炉，也是标杆学习行业在客户服务中的一次经验总结，它试图从不同的视角赋能行业中的几方：

客户企业，了解什么是标杆学习，如何选择标杆学习对象，如何做标杆学习设计，如何做内部的能力内化。

标杆企业，了解如何提炼内部的经验，如何把好经验变成可标准化输出的知识产品，如何赋能生态伙伴，如何输出自己的生态影响力。

标杆学习机构，了解中国标杆学习行业的历史和发展趋势，从客户需求、产品供给、资源链接等维度，思考如何持续提升标杆学习的效果以及带来更大的衍生价值。

特别感谢博石教育在本书创作过程中提供的大量实践素材，特向博石团队成员表示感谢，他们是董其贵、曾蕊、季晓凤、胡畔、马博、于晨、王大龙、王丽莉、黄振、张崇瑞、武胜等，感谢他们提供的宝贵信息和诚恳建议。

我们认为，标杆学习不仅仅事关组织学习，本质上也是企业组织能力的一部分。标杆学习能力，未来必将成为一种新型的通用管理能力。所有的企业家、业务管理者、职能管理者，都要掌握标杆学习的方法，以此来提升自己的工作效率。标杆学习的背后是持续提升、持续改进，这个需求必然是长期存在的。过去这个需求被方法论、传统思维束缚住了，一旦打破束缚，这个需求必将会喷薄而出。

很高兴能生活在这个伟大的时代，我们有机会见证很多全球范围内伟大的标杆企业。同时，随着中国的崛起，中国也涌现出了越来越多的具备全球影响力的标杆企业。这些企业在发展中积累的宝贵经验是全人类的财富，理应被更多的企业学习、借鉴。企业的高质量发展不仅会惠及企业本身，也会惠及企业的生态合作伙伴，还有广泛的客户、消费者。

如今，我们不但研究标杆学习，推动标杆学习行业的发展，而且希望中国标杆学习行业的实践能成为全球范围的最佳实践。怀着成为标杆的决心，才有可能真正成为标杆。用标杆学习助力企业的成长、社会的进步，前景光明，值得我们为之共同努力。

安秋明

2023 年 8 月于北京海淀

目 录

第一部分

标杆学习行业全景

第二部分

标杆学习方法论

第一部分

标杆学习行业全景

第 1 章

中国标杆学习行业的发展简史

中国的市场化企业培训行业，从 20 世纪 90 年代算起，至今已经有 30 多年的历史。但是说起标杆学习这个细分赛道，却少有人系统地梳理过。其难点在于，很多从业者的身份是复合的，比如其主业是研发和销售培训课程，顺带做几个客户的游学业务，这些人不会给自己打上“标杆学习”的标签。还有些从业者的主业是旅游，在带着客户旅游的过程中客户临时说想去某地的知名企业看看。到作为旅行目的地的一站去参观，从广义上说，也是标杆学习的一种。但是，他们也不会给自己贴上“标杆学习”的标签。

博石教育作为国内标杆学习行业的领头羊，从创立伊始，就少见地坚持标杆学习这个主业并深耕至今。从博石服务客户的十几年历程，我们可以大致勾勒出中国标杆学习行业的发展脉络，并以此预测该行业的未来发展趋势。

博石的创始团队，在 2009 年之前，就职于中国企业联合会培训中心。他们在日常的培训工作中接触到大量企业客户，并从中敏锐地捕捉到标杆学习的价值。虽然彼时需求还不多，但是他们坚信：标杆学习不是没有需求，而是市场没有有效的供给。

2009年，博石正式成立。回忆起创立伊始的景象，创始团队都对第一个标杆学习目的地公司——海尔记忆犹新。海尔是中国企业标杆学习当之无愧的初代偶像。

海尔的辉煌，在21世纪的第一个十年达到了巅峰——中国第一个海外建厂的家电企业，国家认定的“世界名牌”。其创始人张瑞敏是中国第一个走上哈佛商学院讲台的企业家。无数光环加持之下，海尔成为中国企业学习的标杆。中国企业第一波的大规模标杆学习就是去海尔，每年有超过10万人前往海尔学习企业文化建设、日清工作法、人单合一等先进的管理经验。

那个年代，青岛也很给力，以海尔、海信、青岛啤酒、双星、澳柯玛为代表的“五朵金花”，为青岛赢得品牌之都的美誉。这些企业表现出了不俗的经营业绩，在国内也享有绝佳的口碑。于是，企业组团去青岛，一站式参观4~6家企业。因为产业集聚的原因，有了做成为期3~7天系统化标杆学习产品的可能性。

除了青岛，初期标杆学习的热门城市还有：

北京，标杆企业如首钢、北汽、燕京啤酒、牛栏山、龙徽等；

上海，标杆企业如宝钢、上汽、光明乳业等。

大家发现没有，青岛、北京、上海的标杆企业基本都是制造型企业的龙头。10多年前，大家对大企业、好企业的印象主要集中在制造业领域。

随着标杆学习的兴起，标杆学习产品按照地理位置和行业属性做了细分。比如在温州和厦门，涌现出报喜鸟、安踏、特步等一大批民营企业服饰品牌，当年它们的营销可是教科书级别的。

标杆学习行业的第一波客户，以国内的国有企业和民营企业为主。所以，初代的标杆学习产品，基本都是围绕国内企业的学习诉求展开的。由此，大家也就不难理解，为什么青岛、北京、上海会成为第一批标杆学习热门目的地。

外企并非没有标杆学习的需求，而是市场上一直没有合适的产品供给。随着博石教育产品的不断升级，外企的标杆学习也紧随其后地开展起来。

爱立信是博石的第一个外企客户。2011 年博石教育带领爱立信团队走进阿里巴巴杭州总部，对标学习阿里巴巴的互联网思维与商业模式创新。此次学习让爱立信团队大开眼界，深刻体验到国内一流互联网企业的卓越文化建设与创新。随后辉瑞集团、拜耳集团、西门子（中国）陆续开启了标杆学习的大门。仿佛过去的需求都在沸点之下，都是不为人察觉的暗流涌动。但是，一旦突破了沸点，整个行业的需求就出现了井喷态势。

从标杆学习的目的地企业来看，大致可以反映在不同的商业周期中，大家对“好企业”的看法。从以海尔为代表的制造业和科学管理理念，到以阿里巴巴为代表的互联网模式和互联网思维，再到以华为为代表的具有原创研发能力的高科技企业，时代的烙印格外引人注目。下面列举的是行业内公认的几波学习热潮。没有绝对的先后顺序，可能还互有交叉：

制造热：海尔、美的、格力、富士康、西门子、施耐德

互联网热：（早期）新浪、搜狐、网易；（中后期）阿里巴巴、腾讯、百度

电商热：阿里巴巴、京东、拼多多

新势力热：B 站、小红书、抖音、快手

服务热：海底捞、蔚来、胖东来

新能源热：蔚来、理想、小鹏、宁德时代、比亚迪
管理热：阿里巴巴、华为

当然，我们列举的都是还“健在”的企业，有些曾经的热门企业，今天可能已经“物是人非”。比如曾经以“生态化反”著称的乐视、曾经的民族品牌手机波导等。标杆学习具有时代性，这个时代性要放在较长的历史时期来考虑它的价值和意义，这当然是后话，只是给企业家、管理者提个醒。

当然，我们不能忽视的一点是全球化对中国商业社会的影响。全球化既包括外资进入中国，更包括中国企业走出去。

博石于 2017 年成立了海外事业部。其成立的缘由还颇有巧合的成分。2017 年之前的几年，就不断有客户通过各种关系找到博石，说海外的企业想来中国看看，但是苦于不知道谁能承接这类需求。博石“碍于情面”帮忙做了几次后，发现这又是一个被市场忽略的需求。语言沟通的障碍还在其次，与客户对接需求，设计有针对性的学习方案，这对当时一般的机构而言显然是一笔性价比不高的买卖。但是，博石从中看到了机会，果断成立了海外事业部。

正如前文所说，中国企业出海，也是一个蓬勃旺盛的需求。出海之前，总要先去目的地实地看看，和当地的企业工作人员聊一聊。博石早在 2015 年就曾经帮助美的做过一次标杆学习项目，带着美的国际事业部的团队去了一趟东南亚，学习 OPPO、vivo、华为等中国企业在东南亚当地的实践，收到了非常好的客户反馈。

这些零零碎碎的记录，大致可以拼凑出中国标杆学习行业发展的轮廓：

（1）学习对象，居于主流的是时代的“好企业”；

（2）学习需求，从好奇到逐步聚焦企业自身的需求，思考“相关性”；

（3）学习趋势，从强聚焦、同质化到不断分化，这是市场供给能力的提升和企业自身成熟度联合作用的结果。

同时对提供标杆学习服务的机构来说，其自身也在不断地演化。据博石创始团队的回忆，博石的业务能力发展，也经历了几个大的阶段：

第一个阶段，市场培育阶段。在这个阶段，市场对于“标杆学习”有需求但没有产品认知，很多客户通过网络搜索、朋友间相互询问找企业参访资源。博石的第一个阶段，是在互联网上不断搜集这类客户的需求，比如论坛的发帖、留言等，不断分析、总结客户的需求，然后基于这些线索，推出线上的“虚拟产品”。有客户咨询，再去整合资源，完成标杆学习的交付。这个阶段，虽然看上去非常粗糙，但是做到了从需求中来，到需求中去。第一阶段的特点是零散，导致项目交付的“杠杆率”不高，可复制性差。而且，机构也疲于奔命，忙于交差，没有时间和精力打磨沉淀产品。

第二个阶段，逐步形成稳定的标杆学习产品线。这个阶段，机构开始聚焦一些主流的目的地企业，并规范化整个招生、交付的环节，具备一定的规模化交付的能力。2017—2018 年是个很重要的分水岭，以“向阿里巴巴学习”为代表，标杆学习行业有了品牌化的产品。过去，非标准课程和标准课程的交付量占比大致是 7∶3，而今天，这个比例已经近乎反转。

第三个阶段，深度设计。截至目前，标杆学习的目的地企业中具备完整自研课程产品能力的为数不多。标杆学习，多数还停留在“分享”阶段，而分享嘉宾的不稳定导致了交付品质很难控制。为了改变影响品质的关键一环，博石向前一步，协助标杆企业整理、萃取、研发自己的课程，用自己的外部经验和外部视角，帮助企业提炼形成自己的方法论。在这个过程中，博石与标杆企业之间建立了更深层次的合作互信。标杆学习，要从纯“资源中介型生意”，向“规范化品质化”转型升级。

第四个阶段，学习解决方案。标杆学习不等于一堂课，不等于一次参观，要从客户需求的“冰山下”出发，才能更好地满足客户需求，而不是一次热闹的“走马观花”。这种能力，对机构自身的升级提出了非常大的挑战。博石具备非常综合的能力：第一，能够挖掘出客户的深层次需求，而不仅仅是客户说什么就响应什么；第二，能够给客户设计完整的标杆学习方案，除了参观、交流，还要从客户的学习目标出发，匹配专业分享、授课、研讨、工作坊、一线走访、行动学习、案例共创等，让一次标杆学习变成一次完整的提升之旅；第三，能够与标杆企业做细致衔接，了解标杆企业的内部流程，提前预判风险和问题点，做好各类预案。博石内部建立了定期的复盘机制和高强度的内部学习体系，这些都是标杆学习机构构建核心能力的重要基础。

第五个阶段，不止于学习。博石的创始团队不止一次谈到，标杆学习，起于学习，但一定不止于学习。每一次学习的背后，都是业务发展需求或管理提升需求的映射。比如，去阿里巴巴、腾讯学数字化，常常是因为企业自身有着强烈的数字化转型需求。学习完了，如何落地？需要哪些资源？需要构建哪些能力？如果能向前一步，也许创造的价值就大大升级。比如，在阿里巴巴、腾讯的标杆学习现场，经常会设置业务交流的环节，双方共创可能的业务合作机会。基于标杆学习场景产生的深度业务合作，博石已经见证了上百起，我们相信，这个双赢的结果，随着标杆学习行业的发展成熟，也一定会越来越多地涌现出来。标杆学习，既是学习本身，更是连接器，连接了无限可能。

说到这里，我们还是要再次回归“客户”，究竟谁在标杆学习？标杆学习的参与者一定是企业。但是，是企业中的谁呢？这十几年，客户中的客户也在变化。

早期的标杆学习，参与者大多是企业的中高层管理者。外出学习，本身也是一种身份的象征，很多企业的高层领导力项目就是典型的例证。

接下来，参与者开始在层级上下沉，越来越多的中层甚至基层的骨干，也有机会参与到标杆学习项目中，因为大家发现，标杆学习是非常有效的一种学习手段，可以作为常态化的学习资源。很多企业的员工培训规划，会把标杆学习作为一个学习模块。参与者可能是一线的优秀员工。比如，我们看到很多企业对优秀员工的奖励是年底到一家优秀的企业学习，你看，虽然标杆学习有一定的福利的影子，但是它真真切切地覆盖到了更多的人。

再接下来，是企业跨越边界，为自己的合作伙伴买单。比如，企业组织自己的供应商、渠道商一起去某家标杆企业学习，这种情况很常见。背后的需求也不难理解，统一见识，统一思想，让企业在布局业务和合作伙伴时力出一孔，利出一孔。

还有一种情况是政府给企业买单，这几年也很常见。比如，开发区、园区的管委会组织入驻的企业学习外部标杆的先进经验。这背后，是政府主管部门把学习当成了一项服务，让入驻企业感受到差异化的价值。

可以说，标杆学习从组织内部学习的一个选项，越来越变成企业实现业务意图和管理意图的手段，标杆学习本身的价值，也在被重新发现。

2020 年开始是中国标杆学习行业一次转型升级的契机。

在过去，人们一提到标杆学习，脑海里浮现的就是线下的场景，强交互，强体验。2020—2022 年，标杆学习的热情还在上涨，但是市场的供给出现了问题，无法按期线下交付，必然会挤压、倒逼出新的产品形态。

博石从 2020 年开始，就快速反应，在线上开启上百场标杆企业直播分享，引发企业界的热烈反响，直播产生的文字内容被广泛传播，还被笔记侠评为排名前三的财经类账号。2021—2022 年，博石再接再厉，不断在线上领域探索标杆学习的新形态。

目前，“云端标杆学习”已经初具雏形，我们有理由相信，在未来，中国的标杆学习行业还会不断产生新的产品形态、服务形态。

2022 年，博石联合标杆学习行业的一批领先机构，共同发起成立了标杆赋能研究院，协力推进标杆学习行业的产品标准化、服务标准化。相信这个举措对行业的健康持续发展必将起到积极的推动作用。

第 2 章

2020—2022 年中国标杆学习行业数据分析

一、标杆学习目的地公司

哪些公司是中国企业最向往的标杆学习对象？标杆赋能研究院收集分析了中国标杆学习行业的数据，统计时间跨度从 2020 年到 2022 年。根据被参访的次数，我们分别统计了近三年的热门标杆学习目的地公司 TOP10。

	2022 年	2021 年	2020 年
1	阿里巴巴	阿里巴巴	阿里巴巴
2	华为	华为	华为
3	腾讯	腾讯	腾讯
4	大疆	丰田	丰田
5	小米	小米	海尔
6	京东	海尔	小米
7	海尔	字节跳动	京东
8	西门子	西门子	奔驰
9	字节跳动	大疆	联想
10	丰田	京东	海底捞

从统计表中我们可以看到，近三年，阿里巴巴、华为、腾讯是最受中国企业追捧的标杆学习对象。其创新力、管理力，特别是在数字经济领域的卓越能力，受到广泛认可。

以产品创新著称的大疆，受到了越来越多企业标杆学习的青睐。零售创新的典范小米和京东，一直保持了稳定的热度。而海尔、西门子、丰田，则以其在制造行业的良好口碑，始终受到行业客户的关注。

随着抖音、头条等产品的广泛渗透，以及 OKR（目标与关键成果法）在中国企业的盛行，抖音集团成为新的炙手可热的标杆参访对象。

其他受关注度较高的企业，还包括大众、美的、三一、比亚迪、奔驰等制造行业的龙头企业，酷特智能作为个性化定制代表，也受到了较多的关注。此外，还有平安银行、招商银行等具有持续创新力的金融企业，B 站、微众等互联网新模式企业，以及海底捞等服务型标杆企业。2022 年以来，新能源行业成为大家关注的焦点，未来将迎来新能源主题的标杆学习新高潮。

总体而言，标杆学习的目的地企业，集中在互联网、制造业、金融等行业的头部企业。

从标杆学习目的地集中度看，2020 年，对标学习热度前五名企业占比全年份额超过了 55%，前十名企业的份额超过了 71%；2021 年，前五名企业的份额超过了 50%，前十名企业的份额超过了 59%；2022 年，前五名企业的份额超过了 43%，前十名企业的份额超过了 54%。由此可见，标杆学习行业的集中效应依然明显，但是头部效应在不断分化，客户的选择越来越多元，而且针对性也越来越强。客户企业从“跟风式”标杆学习，越来越朝向有的放矢、以终为始的学习，整个行业的成熟度在不断提升。

二、标杆学习话题

标杆学习的话题领域非常分散，因为每家标杆企业分享的主题各异，有很强的异质性。但是从大的领域来说，可以大致分为四大类：（1）战略、管理及组织文化等相关话题；（2）市场、渠道、营销等相关话题；（3）精益生产、智能制造、供应链等相关话题；（4）数字化、互联网思维等相关话题。

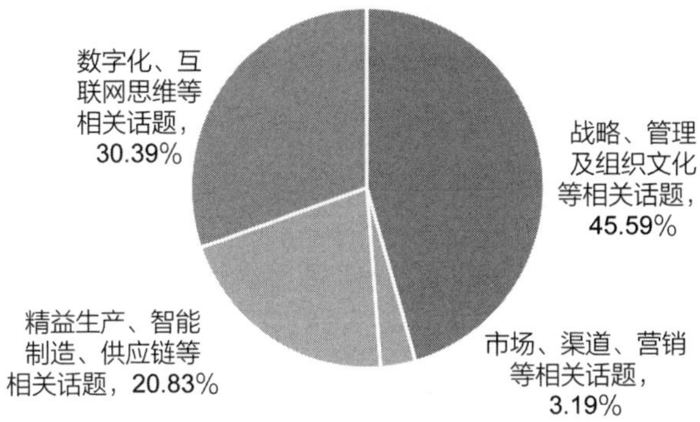

2020年标杆学习话题分布

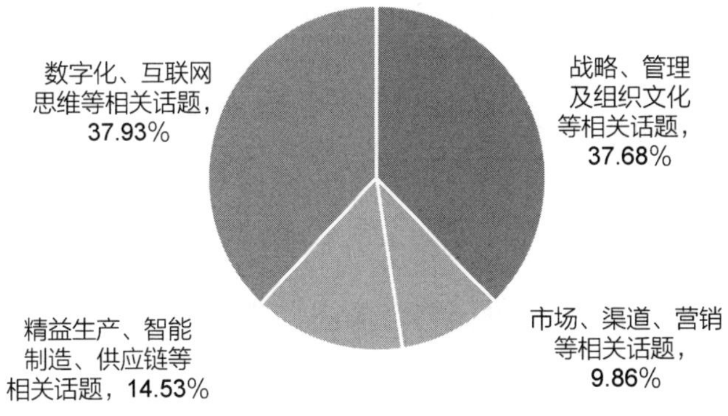

2021年标杆学习话题分布

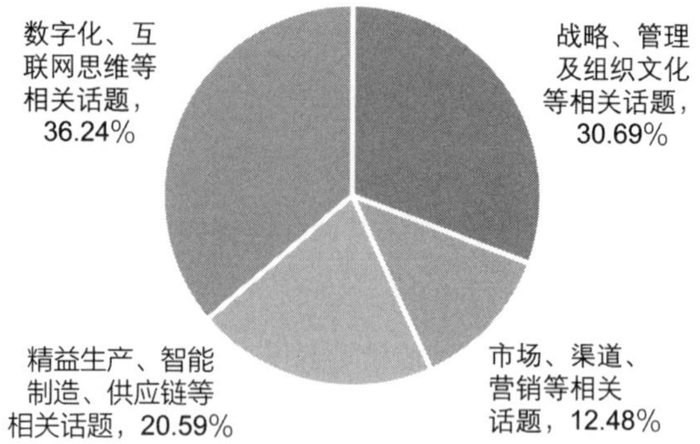

2022年标杆学习话题分布

通过分析2020年、2021年及2022年的数据，我们有以下发现：

（1）战略、管理及组织文化等相关话题是最高频的标杆学习话题，关注率占到1/3甚至更多。走进一家企业进行交流时，常常从战略讲起，融合管理、组织及文化等相关话题。这部分虽然感性，却往往打动人心，令人印象深刻，成为参访企业津津乐道的部分。不过，从走势看，这类话题的关注率有逐年下降的趋势，说明参访企业已经不满足于一般意义的听听看看，而是想获取更有针对性的学习话题。

（2）市场、渠道、营销等相关话题占比不高，但是呈现逐年上升的趋势，从2020年的3.19%到2021年的9.86%，再到2022年的12.48%，说明企业的前台业务，特别是面向市场、面向客户的业务，受到了越来越多的关注。疫情之后大的经济环境的压力，让标杆学习的目的不单是开拓视野，更是要寻求答案，来解答生存及发展的问题。

（3）精益生产、智能制造、供应链等相关话题总体保持在20%左右的关注率，2021年出现了一个下降的拐点，我们的调研分析认为这与疫情之下的企业关注点转向市场端有较强的相关关系。2022 年，这类话题恢复到了 20% 左右的关注率，体现了中国作为制造业大国，对于生产、制造领域的需求始终保持在一个比较旺盛的水平。向标杆学习，持续改善，这本身也是制造领域的核心精神。

（4）数字化、互联网思维等相关话题始终是热点，近三年都得到了超过 1/3 的关注率。未来走向数字经济，这已经成为中国企业界的普遍共识。数字化的方向很明确，但是路径如何规划，战略如何制定，系统如何升级，业务如何重塑，一系列的问题都等待中国的企业自我求解。这个话题火热的背后，反映了时代的趋势，更反映了企业战略升级的大方向。值得关注的是，这类话题在 2021 年（新冠疫情第二年）有了较大的提升，从 30.39% 提升到了 37.93%，但在 2022 年，微降到了 36.24%。我们分析认为，这并不代表数字化、互联网思维的话题热度在衰减，而是因为数字化的理念，从概念层面，正在逐步渗透到企业的更多方面，今天我们已经无法脱离开数字化本身来谈市场、销售以及生产的问题。这恰恰说明中国的企业在数字化转型之路上，越来越贴近实践，越来越有的放矢。

（5）特别值得关注的是，党建成为组织管理和企业文化中一个热点话题，受到了越来越多企业的关注。

三、标杆学习来源行业

标杆赋能研究院选取了部分国内标杆学习机构 2020—2022 年的客户数据，并从行业维度做了分析。

	2022 年来源行业	占比	2021 年来源行业	占比	2020 年来源行业	占比
NO.1	制造业	28.45%	金融业	22.52%	金融业	23.24%
NO.2	金融业	21.97%	制造业	16.23%	制造业	20.27%
NO.3	服务业	13.80%	服务业	13.25%	服务业	16.76%
NO.4	房地产业	6.20%	房地产业	5.63%	交通业	5.68%
NO.5	交通业	2.82%	交通业	4.97%	零售业	5.41%
	其他行业	26.76%	其他行业	37.40%	其他行业	28.64%

基于这些数据样本，在与业内资深专家交流后，可以基本得出以下若干结论：

（1）制造业和金融业是国内最具有标杆学习热情的两大行业。疫情对金融行业的标杆学习影响不明显，但对于制造业显然产生了显著影响。制造业标杆学习在 2021 年的降温以及 2022 年的快速升温，与整个行业的发展节奏基本一致。2022 年的标杆学习热度甚至高过疫情刚开始的 2020 年。

（2）服务业一直是标杆学习市场的第三来源行业。由于服务业的范畴比较大，所以我们将多个细分的服务相关行业合并为服务业。服务业是业务变化最快的行业，离社会经济的一线最近，这几年对于数字化在新业务中的应用以及团队文化塑造等方面一直保持较高的学习热情。

（3）房地产、交通、能源等行业也是标杆学习比较重要的来源行业。虽然行业整体的模式偏传统、保守，但是转型意愿较强，尤其在开拓视野、增强数字化认知方面愿意投入。

（4）值得关注的是，政府已成为标杆学习中的重要参与方。不少区域的政府组织区域内的企业及企业管理人员外出标杆学习，体现了政府在企业服务侧的重视和努力。

第 3 章

标杆学习的典型场景和热门话题

在上一节中，我们把标杆学习的话题分为四个大类，分别是：

（1）战略、管理及组织文化等相关话题；

（2）市场、渠道、营销等相关话题；

（3）精益生产、智能制造、供应链等相关话题；

（4）数字化、互联网思维等相关话题。

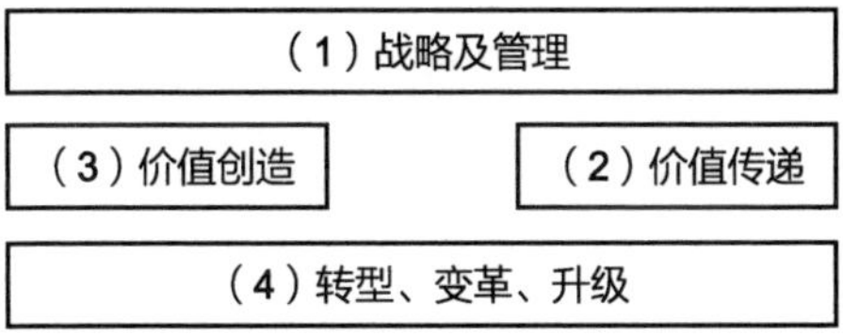

这四大主题，我们可以抽象表示为上图。其基本上反映了目前中国企业在经营管理中的四个核心关注点：

（1）战略及管理。中国企业的管理成熟度，相较于成熟市场还有不小差距。其中典型的表现，就是战略设计不足，管理机制不完善，人才体系有断层。特别是尚未完全摆脱对人的依赖和建立完善的管理体系。所以，从标杆学习的角度，企业特别渴望向成熟大企业学习，因为这些成熟大企业代表了企业“希望成为的样子”。在这方面，标杆学习的热门主题常包括：

——企业发展历程

——企业商业模式

——企业业务布局和业务演进

——企业竞争策略

——公司高层管理团队

——企业文化

——人才理念（选人、用人、激励人）

——组织能力建设

（2）价值传递。价值传递和价值创造，是一个企业业务价值链的核心两翼。把价值传递放在前面说，是因为从中国企业的实践看，如何把价值传递出去（营销出去、销售出去、交付出去），明显要比价值创造（设计出来，研发出来，生产出来）更急切一些。价值传递，决定了企业和客户界面的有效性，决定了企业的发展成长速度。狭义地说，企业谈增长，往往谈的就是这方面的问题。在这方面，标杆学习的热门主题常包括：

——品牌和营销

——供应链（仓储、物流、配送等）

——渠道策略和渠道管理（招商、合作、激励政策等）

——市场下沉

——海外市场

——电商

——全域运营（特别是私域）

——用户资产管理

——自营销售体系

——终端门店运营

——一线销售人员

——一线服务人员

（3）价值创造。这几年围绕如何更精准地洞察客户需求，开发设计出更有市场竞争力的产品，持续打造企业的科技研发能力，企业的关注度也很高。因为这是企业业务发展的“根基”，是那个“1”，没有它，再多的“0”也是徒劳。我们必须客观承认一个现实，在很多企业中，价值创造部门的声量有点小，常常被价值传递的部门盖过。我们作为企业的通盘经营者，要能够发现这种不平衡并予以积极的关注。在这方面，标杆学习的热门主题常包括：

——产品设计（特别是设计思维）

——产品研发管理

——核心技术能力（特别是自研能力）

——产品企划

——生产制造（精益制造、敏捷生产、柔性生产等）

——品质管理

——物流管理

——车间管理

——蓝领工人管理

（4）转型、变革、升级。几乎所有的企业，都要在主营业务之外，思考自己的“第二曲线”。这个需求在这几年尤为迫切。市场的变化越来越快，竞争越来越强，跨界颠覆越来越多，所以企业的转型、变革、升级，无论是被动也好、主动也好，都是管理者必须要纳入重点事项的一部分。数字化转型，就是其中的一个典型代表，无论是“+数字化”，还是“数字化+”，在数字化的大潮下，没有一个企业可以脱离数字化而独立存在。转型、变革、升级，不仅仅是业务层面的问题，还包括了企业的战略、组织等一系列话题，是企业进化中持续产生的新问题。在这个方面，标杆学习的热门主题常包括：

——互联网思维

——数字化转型

——数字化管理

——组织设计（大中台、阿米巴、小组制等）

——跨组织团队（特别是企业与生态伙伴）

——企业工作方式（如敏捷工作方法）

——企业绩效管理机制（KPI、OKR 等）

——新业务孵化

——多元化

——创新与组织活力

这里，要特意提醒大家，这四个方面，在标杆学习中，常常是相互交叉、相互融合的。因为企业的学习诉求从来不是单一的，常常掺杂了多方的诉求。

第 4 章

标杆学习典型产品形态

在发展过程中，标杆学习的产品形态也在不断演化，形成了丰富立体的产品体系。典型的产品形态有：

一、走进企业现场参访学习

“读万卷书，行万里路”是中国古代圣贤的求知之景，到各行各业的标杆企业学习最佳管理实践，到全球企业创新、变革的风口浪尖去看、去听、去思、去悟，已经成为当代企业管理者所期待的一种崭新的学习模式。

1. 参观展厅、展馆、历史馆

这是最基础的标杆学习方式，也常被称为“游学”。通过参观展厅、展馆、历史馆，可以快速对一家企业的历史、业务、产品形成整体认知，并有利于后面的学习交流。对于大型企业，这个环节常常是标准化的，往往有专人负责这个环节的讲解。

2. 参观工作园区、门店、车间、实验室、研发中心等

相较于展厅的富丽堂皇，工作园区、门店、车间、实验室、研发中心等一线的工作场景常常更具真实感，能让来访者近距离体验标杆企业的日常。一些无法用言语表达的部分，比如员工的精神面貌、工作场所的活力，常常是无形的学习内容。

3. 体验产品

古话说："纸上得来终觉浅，绝知此事要躬行。"标杆学习也是如此，听得再多，也不如实际体验产品来得真切。在标杆学习中，有机会亲身体验产品，将听到的和体验到的结合在一起，往往能让来访者留下深刻的印象，并对学习内容更加信服。

4. 主题分享、交流互动

根据客户需求制定个性化的培训内容，邀请标杆企业的嘉宾做主题分享。根据来访人员的情况，做主题分享的人可以是业务骨干、专家、管理者，甚至是创始人本人。通过嘉宾分享、现场交流互动、随团顾问总结等形式，使标杆学习得到有效的转化。另外在标杆学习的过程中，双方通过标杆学习对对方的管理和产品进行深入了解，也便于促成双方的业务合作。这越发成为标杆学习的一个重要切入点。

5. 实操模拟、岗位实践体验

很多标杆企业内部建立了精益实训道场和国家级工匠人才创新工作室。如丰田的精益道场和奔驰赵郁创新工作室，丰富了实操、受训、课题解决、方案研讨、现场模拟等学习模式，使教学工作由以前的培训为主转为实操模拟、实践体验为主。走进这些标杆企业实训基地，通过培训企业各级经营、管理者系统及实操

训练，使学员在轻松愉快的氛围中解决工作中的实际问题，进而成长为实战型管理人才。

另外，这些年京东、联合利华和可口可乐在价值共创、跨界轮岗、人才交换方面进行了创新性实践。派驻本企业人才到对方企业进行跨界轮岗，收到很好的效果。有的是在跨界期间帮助和推动了两个企业合作中难题的解决，有的是归位后推动了本公司的重大改革。

二、云参访

从 2020 年开始，线下的标杆学习受到了很大的冲击，但也客观上促进了“云参访”的兴起。通过成熟的直播平台工具，可在线上实施标杆学习。内容包括企业导览（宣传片、企业工厂实地直播等）、主题在线分享、专题交流等环节，虽然交互性稍弱，但是胜在灵活，而且也提升了标杆学习的组织效率，节约了时间成本。

三、标杆内训、咨询的全流程学习设计

标杆学习作为一个“学习组件”，被嵌入到全面、系统的学习设计中，这是目前的一个大趋势。因为标杆学习是过程，不是目的，它一定要服务于一个明确的管理意图。比如，在企业业务转型的大背景下，通过向标杆企业学习，给团队带来意识上的洗礼，但同时还需要配合业务变革、流程再造的进一步培训、训练，以及逐层的目标、任务分解，只有将这些结合起来，才能起

到好的落地效果。

“向有结果的人学习”。这些年阿里巴巴、华为、腾讯等众多标杆企业整合了内外部师资和课程资源，聚焦数字化转型浪潮中政府与企业在战略、业务、组织、技术等方面的挑战和人才培养需求，邀请他们成长历程中曾经的亲历者和见证者，外化和输出多年来的管理体系经验，以期为更多企业管理者提供参考和借鉴。在标杆内训、咨询的全流程学习设计中，可以邀请标杆行业内的专家讲师上门深度交流，以实现标杆学习从感性认知到理性认知的深化。

第 5 章

标杆学习行业的挑战

一、标杆企业视角

标杆企业一般都有标准的对外接待流程，比如展厅里如何介绍公司历史、业务、产品、服务等。但是标杆学习不等于企业参观，这也就意味着这套对外接待流程不一定完全精准匹配客户需求，当然，纯观光式的游学除外。

当设定好学习主题，比如战略、管理、业务、技术等时，常会遇到的问题主要有四类：

1. 内容不标准

多数受访企业并不把接待外部来访的标杆学习需求作为一项常设的或重要的工作事项，所以，分享嘉宾常常停留在分享、交流层面，没有专门的团队负责研发专业的课程。另外企业对“讲什么”有严格的公关审核流程，这也导致分享材料很多时候就是官方的介绍材料，普适性过高，针对性过低。在这两者的作用下，导致同一家企业在不同场次的分享内容可能存在较大差异，这就是内容不标准的问题。

2. 嘉宾不稳定

除了企业间高层管理者之间的互访外，市场化的标杆学习常常无法获得稳定的分享嘉宾，经常出现临时替换、“顶包”分享的状况。嘉宾的不稳定，根源来自接待标杆学习与公司的整体业务设计关联度不大，也与分享嘉宾个人的绩效有关。

3. 目的不一致

有些标杆学习项目确实存在“相互刷脸”的需求，比如 A 企业去过 B 企业参访，B 企业再回访 A 企业。但是，市场化的标杆学习项目，经常遇到目的不对焦的情况。比如，学员企业是奔着学习去的，但是受访企业却以介绍业务、推荐产品为目的，这就比较尴尬了。是以偷师学艺为目的，还是打开视野为目的，还是业务合作为目的，学员企业和标杆企业之间，要达成基本一致，否则就会南辕北辙。

4. 标杆学习本身的“合法性”

在阿里巴巴的内网上，每隔几年就会出现一波反对不合规游学的帖子。员工吐槽的点是，一些机构把进阿里巴巴参观当成了旅游商品贩卖，不是为了交流学习，让正常的入企参观变成了旅行团打卡。另一个吐槽的点是阿里巴巴员工为这些机构提供进入园区的各种“便利”，里面是否存在谋取个人利益的情况，这也常常是审计部门介入的关注点。标杆学习的合法性，在很多公司处于“灰色”地带，需要被正视并纳入科学的管理。

二、学员企业视角

1. 挑选目标学习的参访企业具有盲目性

目前，对多数企业来说，标杆学习的定位，还是企业学习的补充部分，无论是投入的研究实践，还是系统的设计，都比较欠缺。这就导致目前“随大流”的情况比较突出，学阿里巴巴、学华为……常常是社会热点在哪里，企业就去学哪里，很少思考和自己企业的相关性。

2. 目标参访企业的选择常常受资源所限

企业的业务部门，对希望学习的对标企业通常会有一个比较明确的范围。但是，现实中还存在两个客观的挑战：①能不能：没有有效的人际资源链接到目标企业，或是人际资源的层级不够，此时就需要借助社会化机构的力量，受制于社会化机制的资源能力；②愿不愿：很多企业的管理层与目标企业之间有人际资源，但是由管理层出面进行链接是较难推动的事情，因为可能传递出不同的管理信号或业务信号，企业常常希望借助其他途径完成这种链接动作。

3. 标杆学习的目的比较模糊

很多企业会说，我们希望标杆学习能帮助管理者打开视野，拓展思路。这其实是一种很含糊的表达方法。打开视野、拓展思路，从管理上指向哪里呢？如果没有目的，就容易沦为走马观花，甚至是游学式旅游。我们通常会给企业两个方向的建议：①出发前尽可能了解目标企业，从自己企业的情况出发明确几个要去尝试回答的疑问；②结束后第一时间做头脑风暴和落地聚焦，将收到的碎片化信息聚焦到可以改善的行动点上。

4. 标杆学习与其他学习设计的链接较弱

在目前企业培训学习项目的设计中，标杆学习往往与课程学习、案例研讨、行动学习等要素搭配出现。但是，标杆学习如何与其他要素搭配，相互之间如何支撑，甚至发生“化学反应”，目前在学习设计领域还是一个近乎空白的话题。

5. 标杆学习的时间成本挑战较大

除非目标企业距离较近，时间成本相对可控，否则如果涉及跨市甚至跨省的出行学习，对组织方来说，就是一个很大的考验。相较于课程学习、案例研讨、行动学习等，可长可短的时间安排（如半小时、1 小时、1.5 小时，半天、1 天），标杆学习常常需要整块的时间，组织方必须做好时间安排。

6. 效果评价难以客观度量

课程学习，我们常常考量的点在于学习的体验感、知识的习得性、行为的可塑性等。但是对于标杆学习，目前最常用的评估手段还是学习体验感的评价，这也常常意味着“热闹”的学习活动评分较高，组织者喜欢去找那些能“皆大欢喜”的参访企业。从这个方向出发，标杆学习就容易落入“迎合”的误区，而不是从企业的真实需求出发。

三、服务机构视角

目前，标杆学习项目的服务机构，主要包括三类，第一种是传统的游学服务机构，从游学向标杆学习过渡；第二种是传统的培训机构，从培训业务延展到标杆学习；第三种则是新兴起的标杆学习机构，以标杆学习为主赛道。

服务机构在服务客户时，常面临的挑战包括：

（1）需求对接侧的挑战。具体细分为：①学习目的不明确，其中很多还是临时起意型的需求，需要进一步挖掘、明确学习需求；②学习主体不分层，员工、主管、经理、总监等常常混在一个标杆学习项目中，导致学习不聚焦；③对客户企业的整体学习项目设计了解不深，较少有参与机会，导致标杆学习模块与其他学习模块的割裂。

（2）供给对接侧的挑战。又可以细分为：①企业参访资源不稳定。在很多标杆学习的目的地企业中，如果标杆学习与临时出现的会议、活动安排等情况发生冲突，标杆学习事项就要临时改期。②交付资源不稳定，除了极少数已经将标杆学习产品化、专业化运营的企业，多数企业参与到标杆学习分享的嘉宾常常出现临时的变动，导致预期的高管交流，变成了被临时“指派”，影响了交付品质。③交付流程不标准，常常需要机构从中进行大量沟通衔接，并临时处理各种突发状况。

（3）服务不规范，总体服务水平有待提升。有的服务机构报价以“天”为单位，有的机构则以“人头”为单位。具体哪种方式更好，行业中没有定论。标杆学习过程中，除了参访、交流、培训的部分，其他的教学设计甚至是会务安排，到底是机构承担，还是客户承担，还有很多模糊的边界。关于标杆学习的效果评价，目前普遍没有客观的标准，多数仍然是以学员感受来作为评判，也常常在所谓的“满意度”方面产生不同的理解甚至争议。

（4）产品差异化还显不足。标杆学习这些年的快速发展，让先行者享受到不少市场红利。当红利期过去，客户越发认识到产品品质的重要性，也从“兴趣驱动”逐步向“内容驱动”“品质驱动”甚至是“效果驱动”转变。从长期看，没有差异化的产品，就没有差异化的市场竞争，就没有推动行业迭代优化更新的持续推力。

第 6 章

标杆学习行业的趋势

标杆学习随着近些年的发展，已经成为发展高管领导力、建设企业专业能力的重要补充部分。同时，标杆学习行业也在快速的发展分化，体现出越来越高的专业化趋势。

（1）专业垂直。学阿里巴巴也好，学华为也好，过去常常是一窝蜂地赶热点，去了看到了就行，至于学什么、学到多少反而成了其次。今天，内容主题、行业主题不断细分，标杆学习的针对性也越来越强。从前期的需求对焦、话题策划，到内容准备、嘉宾选择、学习过程设计，都在朝着更具针对性的方向发展。

（2）加大开放。过去做标杆学习，受访企业常常会问学员企业的情况，目的就是尽量避免同业、同行间的学习。但是今天，这种所谓的“行业禁忌”明显要弱化很多。越来越多的企业认识到，靠“防”是防不住竞争对手的，还不如打开大门，开诚布公地相互交流，既竞争又合作，反而可能促进企业更大的发展。

（3）跨界学习。过去我们认为标杆学习就应该学习本行业的企业，这样可以“拿来就用”。但是今天，我们常常发现本行业问题的答案常常在行业之外，颇有“有心栽花花不开，无心插柳柳成荫”的惊喜。这就是我们常提到的打破“信息茧房”，从行业外汲取跨界力量的原因。对很多企业来说，转型之难，常常就难在认知的壁垒太过厚重，缺少了跨行业的视角。

（4）海外视野。出国考察海外企业，在过去还像是一个稀有的“奢侈品”。但是，随着国际化的进程加深，海外考察和海外企业标杆学习已日渐成为一种趋势。中国企业已经不再满足于区域领先、国内领先，而是敢于对标国际一流，甚至赶超国际一流。另外一个重要的时代背景，就是中国企业出海的大趋势。从中国企业到全球企业，必然少不了全球化企业的对标，以及目的地市场优秀企业的对标，这些都是中国企业走向世界的必由之路。

（5）离职高管成为标杆学习领域的重要补充力量。受制于学习需求和资源供给（比如企业的接待能力、可分享的嘉宾等）之间的不平衡，整个标杆学习行业的市场容量常常会面临天花板的束缚。随着企业人才流动的加剧，知名企业的离职高管也纷纷加入到了标杆学习的大潮中，或开办公司，或成为顾问、讲师，这些新供给让标杆学习行业增加了可选项，极大地扩充了供给能力。

（6）定制化与个性化。标杆学习，从一个培训市场上的标准品正日渐成为可被定制化、个性化的学习服务。比如，学习场地、学习内容、分享嘉宾、研讨形式、实地体验、与学习项目其他模块的衔接融合，都在整体定制化和个性化的考量范围之内。提供标杆学习的机构，正不断扩充自己的学习顾问团队，而非简单的销售课程。这些学习顾问，需要具备与客户对话的能力，识别客户需求，并设计出整体的解决方案。

（7）从学习到学习之外。标杆学习，落脚点绝非在学习上，而是借由学习推动业务或管理的改变。在标杆学习行业中，不断有机构在尝试突破学习的边界，在业务辅导、业务咨询、业务链接、资源整合等方面为学员企业创造更多的可能性。从单点指导到整体解决方案，从学习解决方案到人才解决方案，再到业务解决方案，需要的不仅仅是服务意识，更是整个标杆学习行业的模式重构。这个方向，正在燃起星星之火。

第二部分

标杆学习方法论

第 7 章

标杆学习方法论的导入

在进入本章的正题之前，我们还是要把标杆学习这件事的意义再重申一下。不同的人理解标杆学习的意义可能是不一样的，但是企业一把手的视角最值得我们关注。因为他站得最高，想得最深，看得最远。中国知名企业家，福耀玻璃集团董事长曹德旺在他的自传《心若菩提》中，曾提到过他两次去福特博物馆学习对他经营企业极具启发和震撼。这简直就是标杆学习的一个经典写照。

曹德旺第一次去福特博物馆就受到了很大的震撼：100 万件陈列品，把一个多世纪以来美国汽车产业的发展历程完整地呈现出来。从蒸汽机到铁路，从第一辆汽车到第一架飞机，从开放式手摇曲柄车再到近现代的各种经典车型，包括围绕车的文化、习俗等等，仿佛过电影般穿越了一百多年的产业发展周期。

曹德旺将福特博物馆视作美国的工业史馆，并把对照美国发展历程提炼为企业寻找发展路径的参照。对照中美之间的差距，我们既然还在追赶美国，那么，我们只要认真学习美国工业的发展历程，就很有可能大幅减少试错成本，并更快地追赶。

为了更好地消化吸收，曹德旺不久后又第二次来到福特博物馆，并在很多方面有了新的体会。比如，在不同经济阶段对产品的需求，工业制造业在国民经济中的作用，公司治理（比如股东、董事、顾问的作用）等方面有了新的观察和思考。这让曹德旺坚定了接下来的发展方向，并带领福耀玻璃集团走向了全新的发展阶段。

曹德旺的这段故事，我曾经在工作坊上拿出来与很多企业家进行分享，并请大家谈谈自己的感受。一位来自深圳的企业家感慨地说道："伟大的企业家都在寻找事物发展的规律。无论是商业的规律，还是管理的规律。找到规律，按规律办事，才是真正的顺势而为。在商业领域，我们还有很多要向外学习的地方，毕竟中国的商业发展要比西方晚了很多年。"拿来主义"从某种程度上也是好事，避免了弯路，加快了我们的发展。标杆学习其实意义也在于此，站在巨人的肩膀上看世界。"

投资圈的人经常谈到"时光机理论"——充分利用不同国家和行业之间发展的不平衡，在发达市场获取经验之后，再去开发相对落后的市场，就仿佛坐上了时光机，能穿越过去和未来。"时光机理论"其实与我们谈的标杆学习有异曲同工之妙。

第 8 章

标杆学习方法论的基本逻辑

整体而言，我们可以将标杆学习视作标杆管理和组织学习两大领域交叉融合的产物。现有的研究，也都是从标杆管理的目的出发，以组织学习为抓手进行阐释。

创立行业标杆企业并且基业长青，是所有企业家的梦想。但是，我们也很清楚，企业的长寿并不是一件容易的事情。据《财富》杂志报道，在美国，大约 62%的企业寿命不超过 5 年，只有 2%的企业存活达到 50 年，中小企业平均寿命不到 7 年，大企业平均寿命不足 40 年。对于所谓的“大公司”，一般的跨国公司平均寿命为 10~12 年。在备受瞩目的世界 500 强中，企业平均寿命为 40~42 年。中国的企业，根据一些公开报道，平均而言，中小企业的平均寿命只有 2.5 年，集团型企业的平均寿命仅 7~8 年。无论这些报道的数据精度如何，企业寿命普遍不长，是企业界的普遍共识。做一家好企业，而且活得久，并不是一件容易的事。

关于成功企业之道，有不少研究书籍和研究文献，这些研究常常带给我们不少有益的启发。但是，企业成功几乎没有可“复制粘贴”的统一模式，所以，对企业来说，标杆实践，只可借鉴，不可照搬，齐白石所说的“学我者生，似我者死”在企业的场景中也一样适用。标杆学习必须结合企业的实际，才可能发挥真正的价值。

中国上市公司协会会长宋志平在他的《三精管理》一书中，就生动地讲述了中国建材集团是如何通过标杆学习持续促进企业成长的：

中国建材集团结合自身实践，把对标管理提炼为“对标优化”的工法，具体来说就是对外对标、对内优化。

对外对标，是指企业在日常生产经营活动中选择相关的国内外一流企业进行主要经济技术指标、精细化管理等方面的对比和学习。例如在水泥行业，中国建材集团坚持与海螺水泥、拉法基豪瑞等优秀企业进行对标。记得刚重组徐州海螺时，我(宋志平)不知道该怎么管理水泥厂。时任海螺集团董事长的郭文叁告诉我，水泥厂不难管理，关键是做好两件事：一是管理好中控室的操作员，每个月工厂内部对标，进行末位淘汰；二是工厂之间对标，吨煤耗、吨电耗、吨油耗、吨球耗、吨耐火砖耗、吨修理费等各项成本指标要持续对标。借鉴这些优秀企业的做法，有助于本企业不断降低成本、消耗、管理费用、销售费用等，实现各项经营指标持续优化。

对内优化，是指集团公司在内部成员企业之间开展对标，逐步优化业务指标。就像袁隆平从大量的稻子中选一个好的稻种一样，集团公司应该从众多优秀企业中选优，不断发现优秀企业的管理经验与方法，并迅速在同类企业内推广，从而实现整个集团业务的不断改善和优化。当众多管理方法放在一起的时候，你会发现哪种方法更好，这就是集团公司的优势。

中国建材集团就是这样做的。在大的参照系下，在集团外部，哪家企业有好的经营管理方法，中国建材集团就主动上门学习；在集团内部，哪家企业有节支降耗的好做法，其他成员企业就会快速借鉴并复制，哪家企业做得不好，就会成为“被帮扶对象”。互相参照，既是一种激励，又是一种鞭策，大家你追我赶，互相学习借鉴，形成比学赶帮超、先进带后进的良好氛围。

标杆学习的逻辑其实并不复杂，难的是管理层要对标杆学习的路径、过程的认识达成一致，并形成统一的管理语言和统一的管理思维。通过对不同行业的企业进行服务和跟踪，我们总结了一套优秀企业标杆学习及学习内化的路径。虽不完善，亦希望能对成长中的企业起到借鉴作用。整个方法论分成四部分：一，自我诊断；二，选取标杆学习企业；三，标杆企业研究；四，标杆学习设计。

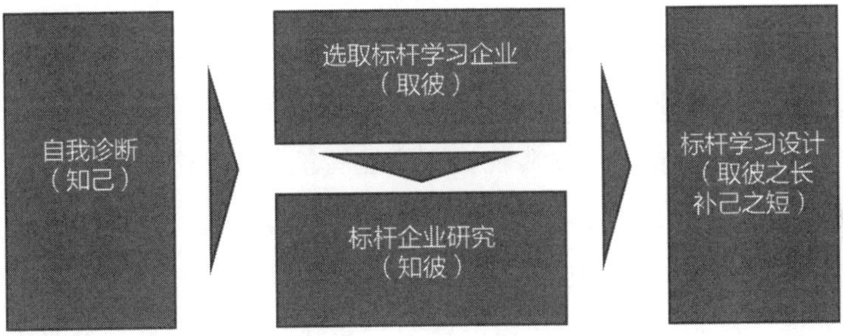

第 9 章

企业的自我诊断

一个企业，必须具备持续的自我诊断能力，这其中既包括客观数据的诊断，也包括主观上的复盘。很多企业的发展受限于领导者本身。当领导者有反思精神的时候，就成长得快一些，当领导者懈怠了，整个企业就慢下来了。企业必须把反思的能力内化成一套管理机制。今天，我们看到很多企业上线了各种数字化的系统（数据看板、管理驾驶舱、商业智能等），这些对于我们及早发现经营管理中的问题是有切实帮助的。同时，我们也要去做“看不见”的诊断，主要包括领导者的领导力、公司员工的士气、投入等，这些指标暂时还没办法充分量化评估。同时，企业还要不断和竞争对手对标，和国内乃至全球的标杆企业去对标，从先进者身上看到自身的差距，更找到未来的发展方向。这个过程，也需要定量和定性的努力。

企业的自我诊断，要和企业的自我反思结合起来，这构成了一个企业的自学习和自进化能力。这个能力的底层，是一个企业的组织文化，它能开放地拥抱事实，拥抱问题，开放、透明地讨论，并以挑战更高目标作为企业价值观。企业的自我诊断，既是“能不能”的问题，更是“愿不愿”的问题。很多时候，意愿比能力更重要。

企业的自我诊断，要和企业业务发展紧密结合。要不断思考客户是谁，我们的价值主张、产品和服务、竞争优势是什么。要不断去梳理这个价值创造过程，通过指标系的设定，去做和历史指标、竞对指标、行业指标的比较，找到业务价值链的长板和短板。同时，围绕战略设计、组织文化、管理理念、人才梯队等软性话题，也要不断思考生产关系与生产力的匹配程度，不断思考以“软性能力”带动“硬性能力”的创新路径。

企业的自我诊断涵盖大量的工具、系统和方法论，我们只讲其中最重要的一个：业务价值链分析。

什么是企业的业务价值链，简单来说，就是围绕客户需求，通过一系列活动，满足甚至超越客户的需求。如果用两个词来概括，那么一个词是“价值创造”，另一个词是“价值传递”。价值链描绘的是企业运转的核心逻辑，也是一个企业最底层的能力体系。

以制造业为例，一个企业的全价值链条可能包括如下环节：

其实每一个环节都包括了大量的工作，还可以进一步拆解。

（1）用户洞察。宏观层面上，我们要去分析产业，分析行业，分析区域市场，按不同标签体系切割人群，定性调研或用数据洞察人群需求，挖掘痛点、爽点和购买决策逻辑，然后形成产品机会点分析。我们要明晰自身在用户洞察上做得好不好，评判标准是什么，用的是“企划成功率”还是什么指标，相较于竞争对手做得怎么样。

（2）产品研发。产品研发涉及很多很有意思的话题。比如，是以技术功能导向来研发，还是以客户需求导向来研发。公司的技术研发能力如何，是应用型研发，还是在基础科技上也有比较深的储备。哪些技术是自主的，哪些需要采购授权。当然，公司也可以不研发，把这个工作让其他人去做，比如 ODM（原始设计制造商）。对产品研发的能力评价维度很多，如专利数量、论文数量、新品发布数量、研发的投产比等等。此外也可以看我们与竞争对手做的是年度的比较还是三年一个周期的比较，等等。

（3）生产制造。针对不同的产品，生产线工艺可能会有很大不同。同时，与生产制造相关的精益生产、物流、制造品质等也是很重要的问题。当然，公司也可以不生产而采用贴牌的方式，比如与 OEM（原始设备生产商）合作。生产制造成本是硬成本，不断追求更低成本、更高质量是没有错的。但是这个比较，是绝对值的比较，还是相对竞争对手的相对值的比较？是总数指标的比较，还是拆分到接单、备料、排产、物流等各个过程指标的比较？这都需要明确。

（4）市场营销。随着媒体渠道的碎片化，营销工作也在不断变化。从线下渠道到线上渠道，从公众媒体到专业垂直媒体，从媒体渠道到电商平台，从电商平台到分享导购平台、分享社群，从公域运营到私域运营，为了配合不同渠道还要准备不同的营销素材，甚至是截然不同的营销策略。对于市场营销能力的比较，可以用“公司视角”，比如投放费用、导流数据等，也可以用“客户视角”，如客户口碑、影响力、美誉度等。

（5）渠道管理。无论是 B2B 的生意，还是 B2C 的生意，企业都要在渠道、自营、渠道 + 自营的几个方面做出选择。即使选择了渠道这个路径，也要进一步考虑和渠道的关系、合作协同模式、利益分配机制等。今天很多企业在朝 DTC（直营零售）的方向努力，这个过程更要处理好和渠道的关系。当然，有的公司把线上、线下也作为渠道划分的依据，线上又可以进一步细分为平台和官网，有很多细分的方式。渠道管理能力的对标，既可以用定量的方法，也可以用定性的方式。不拘泥于自己的模式，先知道不同的玩法，再去比较不同玩法的优劣，这可能是更好的思考路径。

（6）供应链。供应链是个很大的概念，从原材料采购开始，到生产制造、运输、仓储、配送等各个环节。在系统、工具、平台等加持下，供应链环节正在快速实现数字化。随着商业节奏的加快，柔性的加强，消费者预期的提高，供应链能力既可能成为公司发展的掣肘，也可能变成公司的核心竞争力。评估供应链的能力，要参照业务最终结果的数据，不能光看仓储面积、车队数量、上了多少系统，还要看运转效率，这样对标才有意义。

（7）终端零售。今天企业对于终端的定位和期待，和往日也大为不同。终端既可能承载着零售的职责、服务的职责、体验的职责，也可能承载着会员粉丝社群的职责。终端既可以是门店、无人门店，也可能是一个智能化的终端设备，终端的形态本身也在变异。终端零售是拿结果说话的一线，我们可以做整体数据的对标，也可以挑选单店、单网店做深度对标。坪效也好，人效也好，既可以从效率维度看，也可以从模式维度看。

这些其实是很粗线条的价值链拆解，对一个企业的业务价值链理解越充分，越有助于理解这家公司的运转逻辑。阿里巴巴所讲的“一张图”首先体现在业务上。业务价值链往下拆解，就是业务的核心任务，当然，任务可以做二级、三级甚至是四级的拆解，这个视业务的复杂度而定。每个任务都有自己的关键成功要素，这决定了这个任务能否达成预期的效果。业务长短板的分析，首先在于业务价值链的充分拆解，把指标系平铺出来。然后与同行做比较，与自己的过往做比较，看看长板的相对长度，看看短板的根源和问题。

企业的自我诊断，在战略和业务层面的分析，基本上都是围绕业务价值链展开的。价值链的诊断可以是局部的，也可以是整体的。关于价值链的整体设计，我们不妨先回顾一下福特的生产流水线案例，看看这个案例给整个商业世界带来的影响：

福特在 1913 年开发出了世界上第一条流水线，缔造了一个至今仍未被打破的世界纪录。

在亨利·福特建立他的流水线之前，当时的汽车工业完全是手工作坊型的，三两个人合伙，买一台引擎，设计个传动箱，配上轮子、刹车、座位，装配一辆，出卖一辆，每辆车都是一个不同的型号。由于启动资金要求少，生产也很简单，每天都有 50 多家新开张的汽车作坊进入汽车制造业，其中大多数的存活期不过一年。

福特的流水线使得这一切都改变了。在手工生产时代，每装配一辆汽车要 728 个人工小时，而福特的简化设计，标准部件的 T 型车把时间缩短为 12.5 个小时。进入汽车行业的第 12 年，亨利·福特终于实现了他的梦想，他的流水线的生产速度已达到了每分钟一辆车的水平，五年后又进一步缩短到每 10 秒钟一辆车。

在福特之前，轿车是富人的专利，是地位的象征，售价在 4 700 美元左右，伴随福特流水线的大批量生产而来的是价格的急剧下降，T 型车在 1910 年销售为 780 美元，1911 年降到 690 美元，然后降到 600 美元、500 美元，1914 年降到每辆 360 美元。低廉的价格为福特赢得了大批的平民用户，小轿车第一次成为人民大众的交通工具。1914 年福特公司的 13 000 名工人生产了 26.7 万辆汽车；美国其余的 299 家汽车制造公司的 660 000 工人仅生产了 28.6 万辆汽车。福特公司的市场份额从 1908 年的 9.4％上升到 1911 年的 20.3％，1913 年的 39.6％，到 1914 年达到 48％，月赢利 600 万美元，在美国汽车行业占据了绝对优势。

福特这个案例之所以经典，在于它告诉我们一个朴素的商业道理：同一个行业的竞争，有的企业在局部做功，而有的企业在整体上发力。整体视角常常带来革命性的变化。标杆学习其实也是这样，有人看局部，也有人从中看到了整体。

以业务价值链为基础，对于企业的自我诊断，我们建议大家关注几件事：

第一，梳理业务价值链的核心环节（一级颗粒度），我们称之为“战场”；

第二，拆解每个业务价值链环节的关键动作（二级、三级、四级颗粒度），我们称之为“战斗”；

第三，分析每个关键动作背后的关键成功要素，我们称之为“决胜因子”。

基于这张业务的“盘面”，企业做精准的对标学习就有了依据。这些，是标杆学习的选题输入。

第 10 章

选取标杆学习企业

每过几年，中国就会流行一段“某某企业”学习热潮。就像赶潮流一样，哪些企业热，大家就扎堆去这些企业看，好像追星一样。比如互联网圈，这是一直以来标杆学习的热点领域。第一波学门户网站，新浪、搜狐、网易；第二波学社交，比如微信、微博；第三波学电商，比如阿里巴巴、京东、拼多多；第四波学新媒体，比如抖音、快手、小红书、B 站。其实很多去参观学习的企业的行业属性是做 B 端（企业端），和很多互联网公司主做 C 端（消费者端）大相径庭，如果说只想感受感受互联网的氛围、互联网人的思维方式，我觉得还有一定价值。但如果你说从访学中收获什么业务价值，那还真要打上不小的问号。

当然，不是说去这些热点公司看看不对。出门看看听听，见见世面，开拓视野总是好的。我们所反对的，是没有明确目的的访学，甚至是打着访学名义的旅游、观光。

对标学习，首先要明确话题，然后根据话题选择对标企业。千万不能反过来，我要去某家企业看看，然后找找能聊点什么话题。这样就本末倒置了。

选取对标学习的对象，有几种不同的模式。

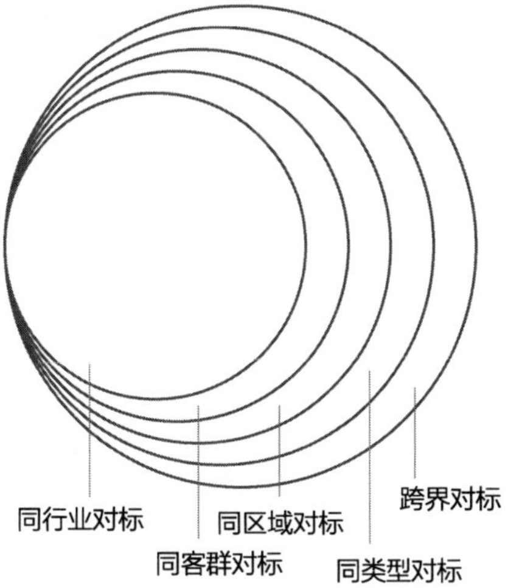

一、同行业对标

我们看到越来越多的行业领导者其实对同行业的交流并不避讳，因为几乎没有一家企业可以在各个维度全方位碾压对手。所以，相互学习，相互取长补短，在某些领域又竞争又合作，会成为越来越多行业的新常态。去行业里面最优秀的企业学习，这是提升我们业务能力最直接的对标学习方式，没有之一。千万不要不好意思，不要有畏难情绪，只要敢去链接，就有机会打开新的一扇窗。

但是，需要特别和大家强调一点：同行业对标，不是说都一股脑向行业第一名、第二名去对标学习。假设我们是行业第十，行业里的第一名、第二名当然要去看。但是，也许因为各种原因，第一名、第二名的经验我们可能未必学得了，用得了。可能行业第七、第八，是我们跳一跳够得到的学习对象。同时，我们要不要向下学呢？比如第二十、三十名的对手？还是那句话，只要有可取之处，都应该成为我们学习的对象。同行业对标，眼睛既要看天，也要看地。看天，看得更多的是战略、模式、思维。看地，看得更多的是打法、战术。

二、同客群对标

围绕客户场景，同一类客户需求，可能会有不同的产品解决方案。比如针对周末的居家场景，可能有休闲活动、家务、访客、聚会、阅读等多个延展领域，企业现在做了其中一个产品或服务，不意味着就不能“跨界”进入其他延展领域，覆盖更多。服务于同类客群的标杆企业，我们可以通过对标学习，加深我们对目标客群的需求理解，理解标杆企业从需求出发开发产品、交付产品的逻辑，倒逼我们更深入思考客户需求新的可能性。

三、同区域对标

不是所有的企业都做全国市场，都是全球性企业。相当多的企业其实都是“区域性企业”，这是一个客观现实。一个区域有一个区域的特点，人口属性、消费能力、产业结构、风俗习惯等方面各不相同。对深耕本地市场、区域市场的企业来说，向区域内的标杆企业学习不失为一种务实有效的学习方式。很多企业进入新的市场，进入新的区域，无论是区域性企业的跨地域扩张，还是中国企业的出海，在准备阶段常常都少不了向区域领导者对标学习的过程。

四、同类型对标

不同类型的企业会面临不同的问题、挑战。有时候，抛开客户、产品、业务的因素，同类型企业常常可以给我们深刻的启发。比如，国有企业之间，民营企业之间，外资企业之间，创业企业之间，成长期企业之间，成熟期企业之间，转型期企业之间，上市企业之间，非上市企业之间，创始人一代企业之间，职业经理人掌舵企业之间等等，我们可以用非业务的方式给企业打上不同的标签，做不同的分类。同一类型的企业间常常有很多可以相互借鉴之处。

五、跨界对标

有时候，一个行业未解的答案可能就存在于另一个行业或另一个领域。标杆学习常常让企业有“踏破铁鞋无觅处”却又“柳暗花明又一村”之感。《哈佛商业评论》曾刊登过一篇有趣的文章，名字叫作“好点子都是从别处‘偷’来的”，文中讲到了几个有趣的故事：

1912 年，亨利 · 福特参观芝加哥的一家屠宰场，好奇地看着人们切肉。猪被挂在钩子上，吊在轨道一端，每个人完成自己的工作后就把猪送往下一站。参观结束后，导游问他感想。福特先生说：“谢谢你，孩子，我获得了一个绝佳的创意。”之后不到 6 个月，福特高地公园工厂建立了世界上第一个装配流水线，生产发电机。

若干年前，伦敦一家医院希望在复杂的医疗流程中设计出一套更高效的交接方式。他们选择将目光投向与医疗毫无关系的领域，向擅长组织交接的专业人士——法拉利一级方程式赛车队的维修站工作人员——学习经验。医生们在赛场上与车队维修人员共事，很快发现了医院内部交接流程的问题所在，并重新设计了交接流程，大幅度减少了医疗失误。

美国一位警察局长曾创建了一个名叫“警察和医生”的项目，推动警员们接受新意见、新观点和新的思维方式。他让警员定期旁听医学院的医生们讨论疑难病例的过程，观察医生如何分析关于患者的症状（分析线索）、检查结果（整理证据）并确定疾病（找到犯人）。反过来，医生也会参加警局的会议，了解警员如何处理相互矛盾且混乱的信息、排除嫌疑人并破案。这一行动的目标是让警局“乐于接受研究，了解并推广医学院采用的方法”。

这篇文章的作者比尔·泰勒（Bill Taylor）在最后说：“如果可以迅速运用已在别处证明有效的战略和洞见，为什么还要冒险尝试尚未验证的方法？领导者可以用这种方法帮助企业跟上世界变化的速度。”这其实就是跨界标杆学习的价值所在。

在中国，很多企业家都在尝试用跨界对标的方式打开发展中的思考瓶颈。比如，关于如何提升员工的战斗力和凝聚力，很多企业向知名体育球队学习球队管理的模式。关于公司跨部门的协作，很多企业向交响乐团学习。关于如何保持团队韧性，激发团队挑战困难，很多公司向登山队学习。关于如何做百年企业，如何坚守初心，很多企业向同仁堂这样的百年老字号或哈佛大学这样的历史悠久的名校学习。关于如何经营企业上下游的合作伙伴，很多公司向生物学家、生态学家学习等。凡此种种，也许都可以总结为“功夫在诗外”，思路打开了，可能问题也就迎刃而解了。

第 11 章

标杆企业研究

标杆学习之前，我们要对标杆企业的卓越之处进行研究，这是前提，也是基础。如果没有这个研究，就贸然地去企业学习，很可能浮在表面，蜻蜓点水，既浪费了宝贵的时间，也错失了提升的机会。如何研究一家标杆企业，商学院的教授、财经媒体的记者、证券行业的分析师等都会有自己的研究方法论。虽然差异较多，但还是有很多共性之处。只有学会研究标杆企业，才能更有的放矢地指导我们学习标杆企业。根据我们的实践以及与很多企业研究的专家交流，我们推荐大家可以参考这个思路来做。

一、研究渠道

1. 公司官方介绍

企业的官网，常常是快速了解一家公司的第一站。从中我们可以了解一家公司的历史、业务范围、高层管理团队、组织结构及公司近况等。如今，公司官网的范围更大了，很多公司都开设了微信公众号、头条号、百家号等图文类渠道，以及抖音、B站、小红书等短视频、直播媒介。可以说，了解一家企业的路径、方式越来越多元了。

对于上市公司，我们一般可以在其官网的“投资者关系”栏目中找到企业的季报、半年报和年度报告。其中年度报告会综合企业经营的方方面面进行年度分析，以及列出近三年的数据对比，可以作为我们深度解读一家公司的来源。有些企业还会组织正式的“投资者日”活动，参与其中也是一个了解企业的好方法。

2. 公司重要人物的表态或观点

第一种途径收获的信息常常偏官方，而且信息比较粗略。很多时候，我们常常希望听到一些有血有肉的内容，最好能涉及企业管理的一些具体维度，比如战略设计、产品研发、生产制造、品牌营销、渠道销售等。怎么获取这类信息呢？其中一个重要途径就是公司相关领导或负责人的讲话。比如，媒体对某位高管的专访，某位高管出席行业论坛、峰会的发言等，这些都是非常有价值的一手资料。当然，我们也可以直接通过官方或私人的渠道，去约企业的高管做面对面的交流，这是个更直接的方法。

3. 行业研究报告

券商的研究所定期会推出行业研究的深度报告，这些报告通常可以在互联网上公开获得。行业研究报告可以帮助我们从证券投资的视角更好地理解标杆企业所在的产业赛道的整体逻辑和整体趋势。更重要的是，可以从经营指标、财务指标等维度，全面对比目标企业和竞争企业之间的优劣势。今天的行业研究已经做得非常“接地气”了。比如为了研究新能源汽车行业，海通国际拆解了一辆比亚迪，中信证券拆解了一辆特斯拉，已经在信息挖掘方面做得非常深入了。

4. 财经媒体报道

财经媒体有自己的企业研究方法和信息获取渠道（包括但不限于采访等），最后会把自己的企业研究用财经文章的方式呈现出来。权威的财经媒体报道有比较高的研究借鉴价值，可以帮助我们对企业的某个话题有相对全面的认知。相较于新闻类的报道，深度文章更有参考价值。

5. 典型客户访谈

正如德鲁克所说："企业的成果在外部，而不在内部。"一个企业的好与坏，最有发言权的，应该是它的客户，而不是它本身。通过对标杆企业典型客户的访谈，我们可以直观地了解一家企业的业务、产品、服务，为谁服务，满足了哪些需求，创造了哪些价值，还有哪些不足之处，以及客户在与企业打交道过程中的直观感受。典型客户访谈，既可以采访客户的高层，也可以采访其与标杆企业的接口人，这样得到的反馈往往更全面。

6. 行业相关者访谈

行业的相关者有很多，比如与标杆企业合作的上游供应商、下游渠道商、行业协会、监管机构等，当然，也包括竞争对手。很多时候，行业相关者能够给我们提供不一样的观察视角，帮我们看到很多看不到的问题。相较于券商研究更偏财务投资领域，行业相关者往往对行业的专业知识有更深的理解，可以得到定性的且更深刻的洞察。

7. 一线走访、实地观察

百闻不如一见，落到企业研究领域，再多的研究、访谈也不如实地去感受。稻盛和夫经常说"现场有神灵"，以此提醒我们要注重现场的重要性。通过实地走访，与一线员工交流，我们可以感受到企业员工的精神面貌。更重要的是，一线的作业流程、作业工具、作业场景，能丰富我们对一家企业从战略到执行的完整理解。如果在富丽堂皇的总部会议室听到的战略和一线实际的反差过大，我们一定要怀疑到底哪里出了问题。

前面这七种途径是基础的“管道”。但是光有收集信息的能力是不够的，我们必须建立一套研究标杆企业的模型、方法。只有这个模型、方法足够科学、系统，我们才有可能从浩瀚的信息中提炼出真正有用的内容。

二、常见的研究框架

研究标杆企业的模型有很多，其核心目的是通过模型、框架进行标杆企业成功要素的拆解，与我们提到的“自我诊断”部分相对照，做到知己知彼，有的放矢地做对标。

常见的研究框架有以下四个：

1. BLM 业务领先模型

BLM 模型（Business Leadership Model，简称“业务领先模型”）由 IBM 公司提出，在华为等标杆企业落地后得到了企业界的广泛关注。

BLM 模型将企业战略的制订和执行部分分为八个相互影响、相互作用的方面，分别是战略意图、市场洞察、创新焦点、业务设计、关键任务、正式组织、人才和氛围与文化等。战略意图是战略思考的起点，战略意图常常起源于对差距的不满意（业绩差距和机会差距）；市场洞察力决定了战略思考的深度；把创新作为战略思考的焦点，其目的是为了捕获更多的思路和经验；战略思考要归结到业务设计中；关键任务的设定统领执行的细节；正式组织是执行的保障；人才要有相应的技能去完成战略的执行；氛围与文化构建了组织的土壤。模型的上部是领导力，下部是价值观，常被称为战略的“天”和“地”，这些共同要素构成了一家企业完整的战略体系。

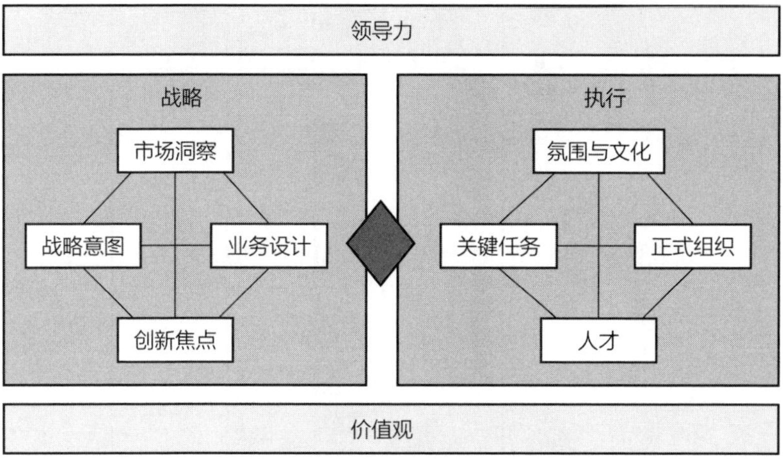

2. 战略地图

战略地图（Strategy Map）由罗伯特·卡普兰（Robert S. Kaplan）和戴维·诺顿（David P. Norton）提出。他们是平衡计分卡的创始人。在对实行平衡计分卡的企业进行长期的指导和研究的过程中，两人发现，企业由于无法全面地描述战略，管理者之间及管理者与员工之间无法沟通，对战略无法达成共识。战略地图是以平衡计分卡的四个层面目标（财务层面、客户层面、内部层面、学习与增长层面）为核心，通过分析这四个层面目标的相互关系而绘制的企业战略因果关系图。与平衡计分卡相比，它增加了两个层次的东西，一是颗粒层，每一个层面下都可以分解

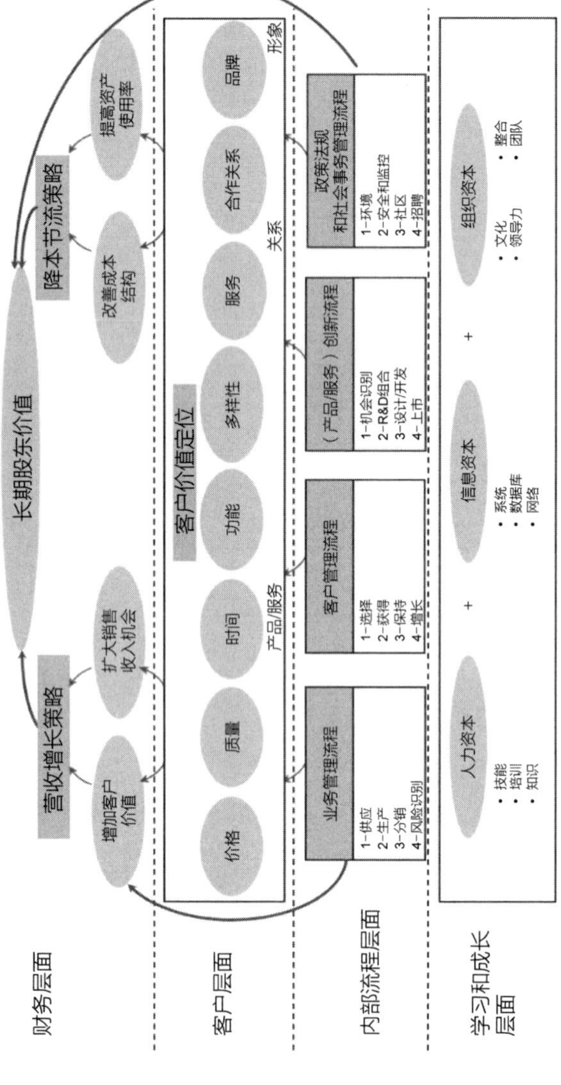
财务层面
客户层面
内部流程层面
学习和成长层面
长期股东价值
营收增长策略
降本节流策略
增加客户价值
扩大销售收入机会
改善成本结构
提高资产使用率
客户价值定位
价格
质量
时间
功能
多样性
服务
合作关系
品牌
产品/服务
关系
形象
业务管理流程
1-供应
2-生产
3-分销
4-风险识别
客户管理流程
1-选择
2-获得
3-保持
4-增长
（产品/服务）创新流程
1-机会识别
2-R&D组合
3-设计/开发
4-上市
政策法规和社会事务管理流程
1-环境
2-安全和监控
3-社区
4-招聘
人力资本
·技能
·培训
·知识
+
信息资本
·系统
·数据库
·网络
+
组织资本
·文化
·领导力
·整合
·团队

为很多要素；二是增加了动态的层面，也就是说战略地图是动态的，可以结合战略规划过程来绘制。

战略地图的核心内容包括：企业通过运用人力资本、信息资本和组织资本等无形资产（学习与成长），创新和建立战略优势和效率（内部流程），进而使公司把特定价值带给市场（客户），从而实现股东价值（财务）。

3. 波特的“价值链”模型

美国哈佛商学院著名战略学家迈克尔·波特（Michael Porter）提出的“价值链分析法”，把企业内外价值增加的活动分为基本活动和支持性活动。基本活动涉及企业生产、销售、进向物流、去向物流、售后服务。支持性活动涉及人事、财务、计划、研究与开发、采购等，基本活动和支持性活动构成了企业的价值链。

在不同的企业参与的价值活动中，并不是每个环节都创造价值，实际上只有某些特定的价值活动才真正创造价值。这些真正创造价值的经营活动就是价值链上的“战略环节”。企业要保持的竞争优势，实际上就是企业在价值链某些特定的战略环节上的

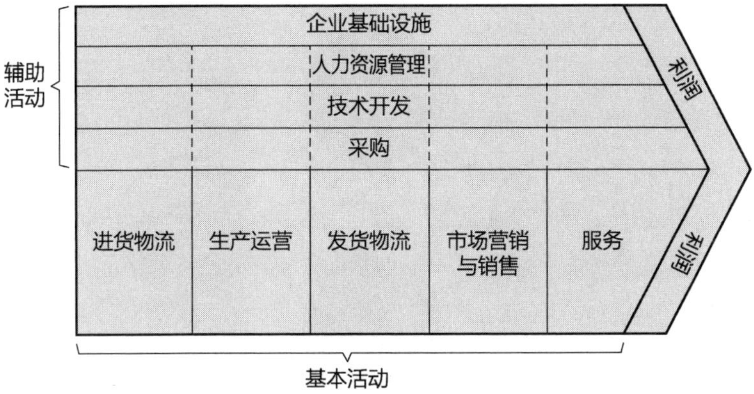

优势。运用价值链的分析方法来确定核心竞争力，就是要求企业密切关注组织的资源状态，要求企业特别关注并培养在价值链的关键环节上获得重要的核心竞争力的能力，以形成和巩固企业在行业内的竞争优势。

4. 麦肯锡的“7S 模型”

20 世纪七八十年代，托马斯·彼得斯（Thomas Peters）和小罗伯特·沃特曼（Robert Waterman），这两位长期服务于美国麦肯锡管理顾问公司的学者，访问了美国历史悠久、最优秀的 62 家大公司，又以获利能力和成长的速度为准则，挑出了 43 家杰出的模范公司，其中包括 IBM、德州仪器、惠普、麦当劳、柯达、杜邦等各行业中的翘楚。他们对这些企业进行了深入调查，并最终形成了企业组织七要素（简称 7S 模型）。7S 模型指出了企业在发展过程中必须全面考虑的各方面情况，包括结构

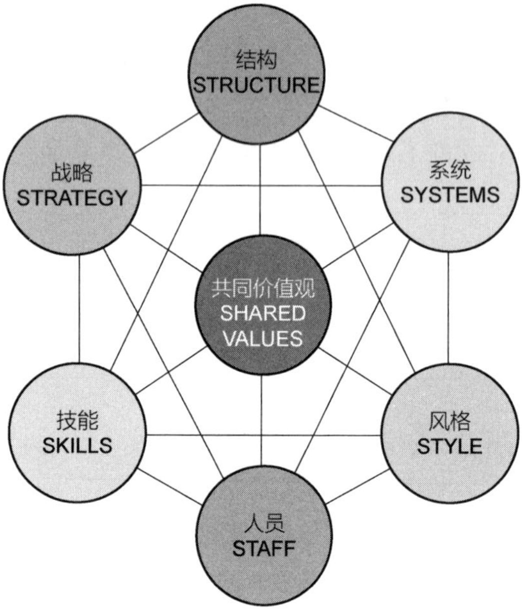

（Structure）、制度（System）、风格（Style）、员工（Staff）、技能（Skill）、战略（Strategy）、共同价值观（Shared Value）。在模型中，战略、结构和制度被认为是企业成功的“硬件”，风格、人员、技能和共同价值观被认为是企业成功经营的“软件”。

以上这四个模型对于企业研究的关注点不同，BLM 业务领先模型关注从市场出发到形成战略再到落地战略的整体思路；战略地图更多从组织边界视角出发，围绕获取结果来展开；“价值链”模型更多围绕业务价值的创造过程，提醒我们关注寻找基本活动和支持活动中的战略环节；7S 模型则更偏重从组织能力层面分析一家企业成功的原因和要素。四个模型间互有交叉。但是，也给我们提供了进一步研究的基础。

三、国资委“对标一流”研究框架

国资委曾先后印发《做强做优中央企业、培育具有国际竞争力世界一流企业》《中央企业做强做优、培育具有国际竞争力的世界一流企业要素指引》《中央企业做强做优、培育具有国际竞争力的世界一流企业对标指引》等文件，为当时如何建设世界一流企业提供了行动指南。

在《中央企业做强做优、培育具有国际竞争力的世界一流企业要素指引》中，提出了对标的 13 个要素，分别是：

公司治理、人才开发与企业文化、业务结构、自主研发、自主品牌、管理与商业模式、集团管控、风险管理、信息化、并购重组、国际化、社会责任、绩效衡量与管理。

在“绩效衡量与管理”部分中，特别提到了“标杆管理”：

①绩效管理工具：企业及各业务单元、职能部门应将标杆管理作为绩效管理的有效工具。

②标杆选择：与企业内部、国内外同行业或跨行业先进企业、单位的最佳实践对标。

③寻找差距不足：重点对比关键业务流程与关键绩效指标，追溯导致指标差异的深层次原因特别是关键驱动因素。

④制定措施：根据企业实际制定改进或创新措施，挖掘绩效潜力，努力实现跨越式提升。

2020年6月13日，国资委正式印发《关于开展对标世界一流管理提升行动的通知》(以下简称《通知》)，对国有重点企业

开展对标提升行动作出部署安排。《通知》明确提出，到2022年，国有重点企业管理理念、管理文化更加先进，管理制度、管理流程更加完善，管理方法、管理手段更加有效，管理基础不断夯实，创新成果不断涌现，基本形成系统完备、科学规范、运行高效的中国特色现代国有企业管理体系，企业总体管理能力明显增强，部分国有重点企业管理达到或接近世界一流水平。为实现这一目标，国资委提出，要综合分析世界一流企业的优秀实践，深入查找企业管理的薄弱环节，持续加强企业管理的制度体系、组织体系、责任体系、执行体系、评价体系等建设，全面提升管理能力和水平，具体包括战略管理、组织管理、运营管理、财务管理、科技管理、风险管理、人力资源管理、信息化管理等8个方面。

《对标世界一流管理提升行动》一共涉及8大领域，34个核心工作模块：

战略	1. 战略规划对标　2. 投资管理对标　3. 主业资源对标　4. 国际化对标
组织	1. 总部组织对标　2. 授权放权对标　3. 组织流程对标　4. 法人治理对标 5. 组织文化对标
运营	1. 精益管理对标　2. 现场管理对标　3. 供应链对标　4. 营销与服务对标
财务	1. 财务管控对标　2. 资本结构对标　3. 资本管理对标　4. 市场管理对标
科技	1. 科技规划对标　2. 技术创新体系　3. 协同创新对标　4. 创新激励对标
风险	1. 风险管理对标　2. 内部控制对标　3. 企业法务对标　4. 合规管理对标 5. 责任追究对标
人力	1. 人才规划对标　2. 市场化选人用人　3. 薪酬激励对标　4. 人才培养对标
信息化	1. 信息规划对标　2. 信息平台对标　3. 数字化转型对标　4. 网络安全对标

这8大领域涉及企业管理体系的方方面面。可以说，覆盖了企业业务管理和职能管理的全部领域。

2021年3月，国务院国资委印发通知明确提出，按照对标世界一流管理提升行动总体安排，自2021年至2022年底，按照选育结合、适时评估、动态调整的基本原则，分层分类总结提炼管理提升成功经验，创建管理标杆企业、标杆项目和标杆模式。

管理标杆创建行动历经企业申报、专家评审、征求意见等环节，最终确定的“三个标杆”包含200家标杆企业、100个标杆项目和10个标杆模式。其中，中央企业中有143家标杆企业、81个标杆项目和9个标杆模式，地方国资委监管企业中有57家标杆企业、19个标杆项目和1个标杆模式。

四、研究框架建议

基于相关理论及政策文件的指引，以及企业实践的通常做法，标杆赋能研究院在前述基础上提出了标杆企业研究的四大能力和十个维度，分别是：

1. 战略能力

企业具有产业赛道的宏观分析能力，能够找准客户市场，识别并发挥自身核心竞争优势，构建前瞻性的商业模式，并具备优秀的战略制定、执行及管理能力。

2. 经营能力

企业是商业主体，其持续发展必须建立在健康、稳固的经营基础之上。我们将经营能力进一步细分成三部分：①运营管理，从价值链维度出发，关注企业在价值创造环节（如市场洞察、产品开发、生产制造、物流等）和价值传递环节（如供应链、渠道、门店、营销、服务等）的能力；②科技管理，从科技维度出发，关注企业利用先进生产力，引入、内化、自研先进核心技术，提升业务价值链的综合能力；③信息化管理，从整合视角出发，提升企业经营的网络化、可视化、数据化，用数据辅助提升经营决策的能力。

3. 管理能力

如果经营能力是“硬能力”，那么管理能力就是“软能力”，正如生产力和生产关系一样。管理能力进一步细分为四部分：①组织管理，关注的是企业整体的治理机制，以及组织生产关系的顶层设计；②人力资源管理，关注的是企业中的人，以及人与组织的互动机制，要实现以人为本和靠人发展；③财务管理，关注的是管好“钱袋子”，让“钱袋子”能够成为业务经营的有力保证，也能让财务结果留得下，且实现增值；④风险管理，关注企业的健康度，以及面向未来的综合防范机制。

4. 未来能力

不关注未来，就不可能赢得未来。对标杆企业来说，我们认为有两项必须关注的未来能力：①国际化能力。参与国际化竞争，不是一个可选项，而是一个必选项，区域市场、国内市场在不断被颠覆、重构，企业即便现在在区域、国内居领先地位，也必须思考未来国际统一市场情况下的应对策略，并提前构建能力基石。②ESG（Environment，Social and Governance，环境、社会和公司治理）。对标杆企业而言，这是责无旁贷要承担的社会责任。比如双碳、乡村振兴等热点话题，被很多标杆企业列入了重点工作事项。截至 2022 年 6 月 8 日，超过 90% 的沪深 300 指数成分股公司（272 家）发布了 2021 年 ESG 报告。2019 年和 2020 年，沪深 300 指数成分股公司发布 ESG 报告的比例分别为 75% 和 83%，呈现持续增长的显著趋势。

围绕这四大能力和十个维度，我们建议大家一定要持续做研究跟踪，不止做“横截面”的研究，更要做历史回溯和未来视角的研究。唯有如此，才能真正研究清楚一家企业为何成功，为何持续成功。

能力	维度	研究渠道
战略能力	战略管理	财务报告、官方网站、媒体、访谈
经营能力	运营管理	财务报告、行业研究、媒体
	科技管理	财务报告、新闻、演讲、媒体
	信息化管理	财务报告、新闻、演讲、媒体
管理能力	组织管理	财务报告、新闻、演讲、媒体
	人力资源管理	财务报告、新闻、演讲、媒体
	财务管理	财务报告、新闻、演讲、专项报告
	风险管理	财务报告、新闻、演讲、专项报告
未来能力	国际化管理	财务报告、行业研究、媒体
	ESG	财务报告、ESG 报告、媒体

五、不止于对标“硬能力”

标杆学习，围绕那些显性的“硬”的能力（比如科技、信息化、经营等）进行是很自然的选择。但是，标杆企业的组织能力很多时候潜藏在冰山之下，是由愿景、使命、价值观、初心、精气神、团队精神、责任心等构成的，是不可见的“软”的能力。

我们经常说，“硬”的能力容易借鉴，通过买（Buy）也好、借（Borrow）也好、建（Build）也好，终归是有办法解决的。但要想获取“软”的能力往往没有那么简单，一不容易深刻洞察，二不容易有效迁移。

从实践中，我们有一个深刻的体会。那就是往往中基层的管理者更关注“硬”的部分；而企业创始人、高管团队则更关注“软”的部分。两者相辅相成，才构成一个完整的对标学习体系。

加里·哈默（Gary Hamel）在他的《管理的未来》一书中，曾举了一个非常典型的例子，说的是为什么美国的汽车企业一直对标丰田，但是却没有抓住对标的真谛：

为何美国本土的汽车企业花了数十年也无法学到丰田公司超高效率的生产系统？数年前对此问题我（加里·哈默）曾求教于一家美国大汽车企业的高管。在一家高雅的酒店里，我们用完奢华的晚餐正在品饮咖啡时，一位高级财务主管说他们公司刚完成对丰田公司的第20年高标定位工作的研究。我大声质问道，难道在第20年以前还有什么在第19、18、17年……没学到的东西吗？我的问题像空气中弥漫着的雪茄味一样辛辣。一阵尴尬的沉闷后，一位高管对此作出了自己的解释：

20年前我们派出年轻人去丰田公司学习，这些年轻人回来之后盛赞丰田，而我们对此嗤之以鼻。我们认为丰田公司只是偶尔实现“零库存”，要想用极少的人生产出缺陷极少的汽车是不可能的。经过以后5年的观察，我们逐渐认识到丰田的优势是一种“全员文化”，例如“和”文化。丰田公司的每个员工都有日本特有的合作和协商精神。美国工人绝不会采用这种“家庭式”的工作方式。丰田公司到美国来设厂没有受美国文化的影响，并取得了和日本本土一样优秀的业绩。在接下来的又一个5年里，我们研究了丰田的生产系统，包括他们的工厂自动化、与供应商的关系、准时系统等。尽管我们不断进行高标定位工作，但在我们自己的工厂内却达不到预期的效果。在最近的5年里我们真正地发现，丰田公司的成功在于其与众不同的管理思想与原则——提升员工的能力、提高领导的责任心。

美国的汽车企业花了近20年才弄明白丰田公司的优势所在，这真令人大吃一惊。与西方的企业不同，丰田公司坚信，第一线的工人在冷冰冰的制造机器面前并不是无足轻重之辈。相反，如果向他们提供足够的工具和培训，他们能有效地解决问题，也会是创新者、变革家。丰田公司认识到了员工的这些智慧能帮助企业持续、快速地改善程序。

而美国的汽车企业漠视一线员工的贡献，他们重视的是职能专家对于质量和效率的建议。这种蔑视一线工人智慧的行为连亨利·福特（Henry Ford）都怨声连天："为何我只能用工人的一双手，他们的头脑到哪里去了？"

经过40年日积月累的努力，丰田公司终于比其竞争对手们从员工那里获得了更多的贡献，其市场占有率和市场价值也蒸蒸日上。如今，美国的汽车企业正想方设法运用员工的智慧，但事实上它们与以能人统治根基的管理体系相冲突，因而收效不大。

六、案例：国内热门标杆企业的标杆学习看点

1. 美的

【公司简介】

美的集团成立于1968年，从广东顺德的一家乡镇企业，发

展成一家覆盖智能家居、楼宇科技，工业技术、机器人与自动化和数字化创新业务五大业务板块为一体的全球化科技集团，形成美的、小天鹅，华凌、COLMO，库卡，威灵、合康、高创、万东和菱王等多个品牌组合。截至 2022 年，美的是目前中国最大的白电上市公司，位列《财富》世界 500 强第 245 位。

【标杆学习看点】

（1）数字化转型：美的集团的数字化转型被业内誉为标杆典范。从 5 座灯塔工厂（美的家用空调广州工厂、微波炉顺德工厂、洗衣机合肥工厂、冰箱荆州工厂和美的厨热顺德工厂）这样的硬核荣誉，到跨国收购工业机器人四大家族之一的库卡（KUKA），再到 SaaS（软件运营服务）化输出业务系统能力的美云智数，还有 T+3 模式、632 项目等，美的在数字化转型的理念、实践、变革、输出等方面，值得深入学习借鉴。

（2）科技研发：美的提出的三个一代——技术研究一代、平台储备一代、产品开发一代具备非常超前的眼光，在这个思路的指引下，美的产品不断推陈出新，并不断构建技术壁垒。美的中央研究院连同各个事业部的研究部门，如智能制造研究院、工业技术研究院、楼宇科技研究院等，构建了三级技术委员会和四级研发体系，形成美的强大的科技管理体系化矩阵。

（3）国际化：美的海外销售额占公司总销售额 40% 以上，产品已出口至全球超过 200 个国家及地区，拥有 18 个海外生产基地及 24 个销售运营机构，并摸索出“中国供全球 + 区域供区域”的全球运营模式。中国企业出海常遇到各种各样的问题，比如海外团队管理、海外渠道开拓、海外建厂、当地政商环境、本土竞争、国内海外联动等。美的的国际化之路是中国企业特别是制造业出海的典型案例，具有广泛的借鉴价值。

（4）高端化。美的产品的科技含量不断提升，品牌也在不断朝着高端突围。其旗下的 COLMO 品牌涵盖空调、冰箱、洗衣机、厨电、热水器、微蒸烤电器等多个品类，初步构建了全球家电市场领先的高端化智慧生活解决方案。2021 年该品牌整体销售突破 40 亿元，同比增长 300%。CLOMO 品牌从孵化到成长，过程中如何处理与美的原有品牌的关系，从资源依附到独立经营，走出了一条美的独有的高端化之路。

（5）组织管理：美的的快速发展受益于事业部机制。事业部制运作多年，其充分放权和以业绩为导向的考评与激励制度，成为公司职业经理人的锻炼与成长平台。在新的时期，美的不断调整企业管控和集权与分权体系的建设，在组织管理方面不断探索适应业务发展的新方式。美的集团董事长方洪波曾经提到美的发展的三个支柱：公司治理的先进性、价值理念的与时俱进、管理层的心灵成长，这无疑是美的组织管理能力的写照。

（6）公司治理：美的集团由何享健先生创建，但何享健并没有像其他民营企业家一般将企业传承给自己的“第二代”，而是选择了一手培养起来的职业经理人方洪波。在方洪波的带领下，美的不断发展壮大，用实践结果证明何享健的用人选择和用人眼光。

2. 海尔

【公司简介】

海尔的前身青岛电冰箱总厂成立于 1984 年，总部位于中国青岛。海尔拥有全球家电品牌集群，包括海尔、卡萨帝、Leader、GE Appliances（以下简称“GEA”）、Candy、Fisher & Paykel（以下简称“FPA”）及 AQUA。海尔于 1993 年在上海证券交易所上市，是中国最早上市的公司之一。目前位列《财富》世界 500 强第 405 位。

【标杆学习看点】

（1）智能制造：目前，海尔已建成 18 家互联工厂样板，3 座灯塔工厂，这些工厂在快速研发、柔性生产、高效配送、绿色低碳等领域都已成为业界的标杆。海尔不断拓展深化 5G、人工智能、数字孪生等新一代信息技术与制造技术融合应用能力，连续两次入选工信部“5G+ 工业互联网”典型应用场景实践案例，并在国内外评选中屡获殊荣。

（2）生产管理：创立伊始“砸冰箱”的故事让海尔的质量意识深入海尔人的骨髓。之后海尔在生产管理中陆续提出了很多值得学习的管理理念。如，OEC 管理法（日事日毕，日清日高）。再比如，加强生产现场管理的“6S 大脚印”。6S 由日本的 5S 管理法发展而来，海尔在 5S 的基础上加了一个 S 即安全（Safe），形成了独特的“6S 大脚印法”。6S 的含义是：整理、整顿、清扫、清洁、素养、安全。“6S 大脚印”发挥作用的位置在生产现场，员工站在“6S 大脚印”上，对当天的工作进行小结。

（3）运营管理：作为国内老牌的家电企业，海尔没有故步自封，而是顺应市场变化不断变革自己的业务模式。其中，最突出的是高端化升级和场景化策略。其旗下的卡萨帝品牌，2021 年已在中国高端大家电市场中占据绝对领先地位，在高端市场冰箱、洗衣机、空调等品类的零售额份额排名第一，构建了“高端品质、成套方案、智慧场景、生态平台、终身用户”五维度的综合运营体系。其旗下的三翼鸟场景品牌，构建满足用户全流程体验的数字化场景能力、提升门店服务用户的能力，为用户提供家电与家装融合的智慧家庭解决方案。三翼鸟 001 号店已在全国核心城市布局 1 317 家，并顺利进入生态共创的 3.0 时代。

（4）科技管理：海尔构筑了“10 大研发中心、5 大创新中心、1 个社群平台”的三层研发体系。通过全球创新能力布局，海尔高效对接全球创新资源，辐射全球用户，进行了“因需而变”的全面技术创新。海尔搭建的“社群全球平台”，因其开放的模式，正引着全球各地的创新者积极加入。目前，海尔全职研发人员超过22 000人，占比超过21%。

（5）全球化管理：1999年，海尔在美国南卡州建立了美国海尔工厂，迈出了开拓国际市场的关键一步。此后的20多年，海尔陆续收购整合了三洋家电、斐雪派克、通用电气家电、Candy等，创出全球最大的家电品牌集群。2021年，海尔在全球运营10个研发中心、122个制造中心、108个营销中心，并在全球市场覆盖接近13万个销售网点，成为名副其实的全球家电企业。

（6）创新管理：海尔推崇“人单合一”，“人”是员工，“单”是用户的需求和体验，即员工在创造用户价值的同时实现个人价值。“人单合一”活化了企业的组织架构，更激发了人才的创新活力。在这种模式下，员工不再是被动地解决问题，而是以用户为中心，主动去寻找痛点，并创造价值。海尔面向全员建立创客机制，让每个人都有机会成为创客合伙人，拥有劳动所得、资本利得和超利分成的机会。创客制的导向是创造用户价值，并且遵循动态的原则能上能下。海尔打造了创客孵化平台海创汇，目前已孵化出5家上市公司、18家Pre-IPO、5家独角兽、90家瞪羚企业、38家专精特新小巨人企业。

3. 华为

【公司简介】

华为创立于1987年，是全球领先的ICT（information and communications technology，信息与通信技术）基础设施和智能终端提供商。目前业务遍及170多个国家和地区，服务全球30多亿人口。目前核心业务包括运营商业务、企业业务和消费者业务等，2021 全年实现收入人民币 6 368 亿元。华为目前是世界上最大的通信设备制造商，位列《财富》500 强第 96 位。

【标杆学习看点】

（1）战略管理：华为从创立伊始就特别注重战略管理的能力建设，多次花费重金聘请全球顶级咨询公司为华为做战略咨询。国内企业熟知的 BLM 模型（业务领先模型），正是因为华为的应用而得到了更广泛的关注。华为基于外部的方法论和自身的实践，形成了自己的战略管理框架：DSTE（Develop Strategy to Execute，开发战略到执行），构建了包括战略制定、战略解码、战略执行与监控和战略评估的完整战略管理体系。

（2）科技管理：华为所在的 ICT 行业在核心技术领域一直被欧美“卡脖子”。华为的成长之路，就是华为不断研发突破、冲出重围的自主创新之路。华为在科技管理方面，一直坚持厚积薄发，把科技能力作为公司的核心能力不动摇。2021 年，华为研发费用支出为 1 427 亿元，约占全年收入的 22.4%，从事研究与开发的人员约 10.7 万名，约占公司总人数的 54.8%，在国内高科技企业中遥遥领先。

（3）运营管理：华为的“铁三角”，包括负责客户界面的 AR（Account Responsibility，客户经理 / 系统部部长）、负责产品和解决方案的 SR（Solution Responsibility，产品 / 服务解决方案经理），以及负责交付的 FR（Full Responsibility，交付管理和订单履行经理），他们组成了华为最强悍的一线作战单元。这种“铁三角”设计可以灵活响应市场需求，为客户提供一体化、端到端的服务。华为创始人任正非多次呼吁，在业务上，要让听到炮声的人呼唤炮火，让一线直接决策，指挥战斗。这些理念已成为国内企业的共识。

（4）公司治理：华为实行轮值董事长制度，该制度在 2018

年创建。2023 年 3 月，徐直军、胡厚崑、孟晚舟当选新一期轮值董事长。轮值董事长在当值期间是华为最高领袖，承担华为重大决策拍板及发展方向确立等重任，领导公司董事会和常务董事会。轮值董事长轮值期 6 个月。这种治理机制设计，锤炼了华为的领导梯队，也实现了创造性的制度接班、机制接班。

（5）组织管理：华为的组织管理具有浓厚的军事色彩。最近外界热烈关注的华为“军团”就是一个非常有创造性的组织设计。华为军团分为行业军团和产品组合军团。军团整合了科学家、工程师、专家等精锐人员，与内部组织进行协同。在研发层面，军团有华为整体研发平台的支持。在实际操作层面，华为军团和各地代表处进行配合。同时，军团之间也有相互配合的一面。目前华为的军团基本上是几十人到一百多人的规模，行业型军团和产品组合军团之间就会进行协同。而产品组合的军团偏向打造方案，最终的方案既可以直接面对客户交付，也可以集成到各个军团的行业解决方案当中。

（6）人力资源管理：华为的人才密度极高，如何用好人才、激励好人才是重中之重。华为的薪酬由固定薪酬、变动薪酬、长期激励和福利组成，其中最受关注的是 ESOP（虚拟受限股）和 TUP（奖励期权计划）。这种创造性的设计让人才不断保持旺盛的奋斗精神，与企业共享成长的收益。华为的人才培养以“训战结合”闻名，华为提出仗怎么打，兵就怎么练，不断提升干部、员工的业务能力和管理能力，有力地支撑了业务的高速发展。

（7）全球化管理：今天的华为已经成为全球的华为。华为的产品和技术已经可与国际市场产品技术接轨，甚至更具备性价比优势。当国内市场逐渐饱和时，如不将目标转移到新市场，华为将停滞不前。通过多年努力，截至 2021 年年底，华为海外市场的营收贡献已将近七成。华为已成为中国企业出海的最佳学习典范。

如今，中国企业学华为的特别多。只有从学“形”到学“实”并转化成自己的东西，才有机会真正实现企业的脱胎换骨。从龙峰所著的《组织的逻辑》一书中，专门有一段讲到了物流行业的黑马——德邦快递如何从向华为的标杆学习中不断成长。

老崔[①]既爱听课，也爱读书。有的创始人，连听明白其他公司成功经验的耐心都没有，但老崔很喜欢对标学习。老崔并不是一个有理论偏好的企业家，他更喜欢听我讲企业见闻，他对业界的先进经验总是充满好奇。老崔的爱学习，集中体现在学华为，以及与咨询公司的合作上。

德邦在业界是有名的“学华为标兵”。早在 1999 年，那时德邦刚成立三年，老崔就接触到了《华为基本法》，认为它写得非常好。受其启发，老崔用三年时间编出了《德邦基本法》。可见，学华为是那时就埋下的种子。后来在 2015 年，德邦高管又集体学习了《以奋斗者为本》一书，并成立了专门的部门，研究华为，学习华为。等到 2018 年，时任华为轮值董事长的胡厚崑来访德邦时，他也没想到德邦对华为的学习已如此之深。

4. 阿里巴巴

【公司简介】

阿里巴巴于 1999 年在中国杭州创立，业务包括中国商业、国际商业、本地生活服务、菜鸟、云、数字媒体及娱乐以及创

---

① 崔维星，德邦快递董事长——编者注。

新业务等。2022 财年，阿里巴巴生态体系年度活跃消费者约为 13.1 亿，其中超过 10 亿消费者来自中国，3.05 亿消费者来自海外。2022 财年，阿里巴巴总收入 8 530 亿元，位列《财富》500 强第 55 位。

【标杆学习看点】

（1）战略管理：阿里巴巴的“履带式发展战略”众所周知。从中国黄页开始，到 alibaba.com，再到 1688、淘宝网、天猫、阿里云、支付宝、菜鸟、盒马、钉钉等，阿里巴巴的发展始终面向未来做提前布局，形成了庞大的业务生态。“让天下没有难做的生意”，从愿景使命，到落地的一个个业务，阿里的战略管理能力在国内企业中独树一帜。

（2）组织管理：阿里巴巴组织架构调整的消息常常为人们所关注。其调整组织结构之频繁，与业务的快速发展、快速迭代密不可分。阿里巴巴前董事局主席兼 CEO 张勇曾多次提到，商业设计和组织设计是一把手最重要的两件事。阿里巴巴曾经提出的“大中台、小前台”目前依然被很多企业视作学习的榜样。

（3）干部管理：阿里巴巴的“三板斧”业内闻名。从腿部的招聘和解聘、建团队和拿结果，到腰部的懂战略、搭班子、做导演，再到头部的定战略、造土壤、断事用人，阿里巴巴的干部管理和干部发展并没有生涩的专业语言，但是在实践中却培养出了良将如潮。

（4）数字经济与数字化转型：阿里巴巴是中国电子商务发展的见证者和核心助推者，从电子商务到数字营销，再到企业的数字化转型，阿里巴巴依靠淘宝、天猫、阿里云、支付宝、菜鸟、盒马等业务生态，帮助中国企业构建了从产品、技术、资源到经营方法论在内的完整的数字化转型解决方案。

（5）新零售：阿里巴巴在 2016 年提出的新零售，对中国零售行业具有革命性的影响。零售企业从线下走向线上，实现线上线下的融合，从对货品的运营到对客户资源的运营，阿里巴巴基于广泛的行业商业实践，不断提出了诸如 FAST（从数量和质量上衡量消费者运营健康度模型）、GROW（指导大快消行业品类有的放矢的增长模型）等模型，对于零售行业意义深远。

（6）科技管理：以达摩院为代表，阿里巴巴在科技投入上不遗余力，不断布局面向未来的前瞻性研究，引入了大量业界的专家。以“平头哥”（半导体芯片）为代表的硬件业务，标志着阿里巴巴已变成一家软硬一体的科技型综合企业。

（7）企业文化：阿里巴巴的企业文化体现在很多地方，比如招人的时候要“闻味道”，员工在日常要讲究“阿里味”，从当年轰动一时的 B2B 欺诈门事件，到“月饼事件”“支付宝校园日记”事件等，阿里巴巴一直都在用文化价值观作为捍卫组织的红线。这种文化造就了一批又一批的阿里巴巴人，即便他们从阿里巴巴离开，依然带着阿里巴巴的烙印。

（8）人力资源管理：阿里巴巴的“政委制”是很多企业 HRBP（人力资源业务合作伙伴）转型的学习标杆，无论是彭蕾，还是童文红、蒋芳，业界的人力资源管理都将她们视作自己努力的方向。阿里巴巴的职级体系，已经成为行业内招人的对标标尺，很多企业的招聘都用阿里巴巴的职级体系作为参照对象。阿里巴巴的薪酬、绩效、考核等也都具有自己的特色，特别是其关于组织活力、未来组织等前沿设计，值得国内企业关注、学习。

5. 腾讯

【公司简介】

腾讯成立于 1998 年，是全球领先的互联网科技公司，总部位于深圳。腾讯的通信和社交服务连接全球逾 10 亿人，帮助他们与亲友联系，畅享便捷的出行、支付和娱乐生活。同时，腾讯还发行多款风靡全球的电子游戏及其他优质数字内容，也提供云计算、广告、金融科技等一系列企业服务。2021 年全年，腾讯营收 5 601.18 亿元，位列《财富》500 强第 121 位。

【标杆学习看点】

（1）战略管理：腾讯一直以来坚持“连接战略”，以社交和通信业务（QQ、微信等）为中心，到网络游戏、数字媒体、金融科技、移动工具等，腾讯不断围绕互联网用户的需求和供给做连接，并构建了庞大的互联网业务生态。相较于传统商学院所讲到的多元化，腾讯走出了一条属于自己的“主线 + 多元”的发展战略。

（2）产业互联网：腾讯提出“扎根消费互联网，拥抱产业互联网”，并不断加大在产业互联网领域的投入。到 2022 年，腾讯的金融科技及企业服务收入占营收的比重已经超过 30%，超越游戏业务成为腾讯的第一大收入来源。其服务产业互联网的经验值得国内企业关注。

（3）互联网思维：腾讯旗下拥有多款全球现象级的爆款产品，比如 QQ、微信，全球个人用户均超过 10 亿量级；腾讯游戏，是全球最大的游戏公司，推出了“王者荣耀”等国民级的手游；腾讯音乐，是国内最大的在线音乐平台。腾讯如何做产品创新，如何用互联网思维来运营客户，如何不断打造更好的客户体验，都是值得国内企业学习的。

（4）数字化：腾讯在数字化领域持续深耕，在互联网产品领域、以腾讯云为代表的数字化基础设施领域、以微信支付为代表的金融科技领域，以及数字政务、互联网汽车等领域，腾讯都涉足颇深。在业务数字化以及数字化人才培养领域，都形成了体系化的成果。

（5）组织管理：腾讯的“赛马机制”业界闻名，马化腾曾提出组织要保持一定的冗余度，容忍失败，允许适度浪费，鼓励内部竞争和试错，并把这种机制比喻为“兄弟爬山”，鼓励内部赛马，最后以用户和市场作为评判标准。腾讯很多明星业务最初都是小团队作战，最终在“赛马机制”下不断发展壮大。

（6）人力资源管理：腾讯知名的“活水计划”鼓励员工充分利用腾讯多元化业务的优势，追求新的职业发展方向。腾讯鼓励待招职位优先向内部员工开放，支持员工内部流动，员工入职满一年后可以申请调职，实现跨部门、跨区域的流动。2021 年，有超过 4 000 人成功调职。“活水计划”使更多优秀人才聚焦于公司核心产品和快速发展的业务，提升了组织的活力。

（7）投资管理：腾讯的投资范围很广，从京东、快手、虎牙、映客、B 站、58、喜马拉雅等国内知名的互联网企业，到 shopee（东南亚最大的电商平台）、乐天 Rakuten（日本的互联网综合服务提供商）、Udaan（印度 B2B 在线交易平台）、Farfetch（英国奢侈品电商平台）、Flipkart（印度的亚马逊）等海外标的，构建了跨越多行业、多地域的综合型业务生态网络，构建了自己强大的护城河。

6. 招商银行

【公司简介】

招商银行 1987 年成立于深圳蛇口，是中国境内第一家完全由企业法人持股的股份制商业银行，也是国家从体制外推动改革的第一家试点银行。招商银行向客户提供各种批发及零售银行产品和服务，推出的许多创新产品和服务广为中国消费者接受，例如“一卡通”“一网通”“金葵花理财”等，多次获评“最佳零售银行”。招商银行位列《财富》500 强第 174 位。

【标杆学习看点】

（1）战略管理：被誉为最佳零售银行的招商银行，始终根据社会发展调整、调优自己的战略。招商银行持续推进“轻型银行”战略转型，坚持“一体两翼”定位，围绕“客户 + 科技”主线，以开放融合为方法论，围绕核心客群构建生态圈，全面打造金融科技银行，深化组织文化变革，探索商业银行发展的 3.0 模式，发展成效显著，市场地位、品牌影响力、核心竞争力进一步提升。招商银行的战略设计，成为很多零售银行学习对标的对象。

（2）运营管理：招商银行在零售客户服务方面持续提升“人 + 数字化”能力，经营模式从客户经理管户为主向“管户 + 流量”双模式并进升级。“招商银行 App”，推出智能财富助理“AI 小招”，打造 7×24 小时的财富陪伴服务。截至 2021 年年底，招商银行 App 累计用户数达 1.7 亿户，日活跃用户数峰值为 1 754 万户；月活跃用户数 6 542 万户，在全国性股份制银行中排在首位。其另一平台掌上生活 App 累计用户数为 1.27 亿户，日活跃用户数峰值 748 万户，月活跃用户数 4 593 万户，用户活跃度居同业信用卡类 App 前列。

（3）组织管理：招商银行在零售条线试点宽岗机制应用，打通市场拓展、财富管理、零售信贷、信用卡等岗位权限，在拓宽员工职业发展通道的同时提高了服务效能。在批发条线试点项目制经营，围绕核心客户及其投资链、产业链企业建立“虚拟部门”，来自客户、产品、风险部门、不同分行的成员共同承担为客户解决核心诉求的责任。不断深化干部员工交流机制，促进干部跨条线、跨机构交流，加强对干部开放融合的过程管理。

（4）科技管理：招商银行持续投入打造一朵“招行云”和两个中台（数据中台及技术中台）的开放基础架构，打破系统竖井与数据孤岛，持续沉淀企业级能力，最大化释放数据价值。

从 2018 年至 2021 年，招商银行近 4 年的信息科技投入分别为 65亿元、94亿元、120亿元、133亿元，每年均保持两位数增长。若以 2021 年为标准，招商银行的信息科技投入占公司营收高达 4.37%，在已公布数据的股份制银行中排名居首。截至 2021 年年底，全行累计立项金融科技创新项目 2 665 个，累计上线项目 1 961 个。金融科技创新项目基金已成为全行新模式的孵化器和推进器。

（5）数字化：基于在科技研发领域的投入，招商银行在数字化管理方面也取得了显著的成果。AI 模拟人、辅助人、替代人成效显著，AI 智能客服、语音质检、智能审录等共实现人力替代超过 6 000 人。通过技术改进、资源管理及旧设备重复利用等措施，实现 IT 基础设施全年成本节约超过 1 亿元。体系化推进科技队伍效能提升工作，研发产出规模同比提升超过 30%。自主研发的海螺 RPA（机器人流程自动化）平台，已经实现对国外成熟产品的全面替代，已累计开发 2 000 个场景应用。

7. 中国平安

【公司简介】

中国平安于 1988 年诞生于深圳蛇口，目前是我国三大综合金融集团之一。中国平安也是国内金融牌照最齐全、业务范围最广泛的个人金融生活服务集团之一，目前集团总资产突破 10 万亿元，是全球资产规模最大的保险集团。2022 年，中国平安位居《财富》世界 500 强企业第 25 位，居全球金融企业第 4 位。

【标杆学习看点】

（1）战略管理：平安的业务体量大，但依然保持高速增长。“大象起舞”的背后是平安杰出的战略管理能力。战略规划的七步成诗方法论、集团“方向盘、红绿灯、加油站”的角色定位、

“执行官＋矩阵”的决策管理机制、“竞争、激励、淘汰”的三大机制、“四新四能四维评估”的干部选拔任用机制等，平安在管理之路上的探索和积累，可供国内诸多企业学习借鉴。

（2）公司治理：平安的公司治理核心是实现集团控股、分业经营的公司运作模式，另外就是建立了“五会一体”的公司治理架构。集团作为投资控股公司，代表股东通过董事会行使管理和监督职责，并整体上市。旗下的保险、银行、证券、信托、投资、科技等子公司作为独立法人分业经营，分别接受对应行业的监督。党委会、股东大会、董事会、监事会及执行委员会的“五会”治理体系，确保了公司整体的有效运转。“五会”各司其职，不缺位，不越位，不错位。

（3）科技管理：从最初的“专业、价值”，到“保险、银行、投资”，再到“金融、科技”，品牌标识的变化，折射出平安作为一家财险公司脱胎换骨成长为科技型综合金融集团的超常规式发展。截至 2021 年，平安拥有超 11 万名科技业务从业人员、超 4 500 名科学家的一流科技人才队伍。平安科技专利申请数累计达 38 420 项，位居国际金融机构前列；其中发明专利申请数占比超 95%，PCT（专利合作条约）及境外专利申请数累计达 8 897 项。人工智能专利申请数排名从全球第三位跃居至第一位，金融科技、数字医疗专利申请数排名也位居全球第一位。这些科技能力，不断应用在销售促进、效率提升和风险控制等方面。

（4）组织管理：平安管理思路遵循清晰的三段论：“在哪里？”六大脱节（战略和执行脱节、决策和信息脱节、经营和追踪脱节、考核和薪酬脱节、责任和监督脱节、人力和业务脱节）；“去哪里？”提升战略执行力；“怎么去？”数字化转型。平安管理理念的落地，体现在“四个建在”：管理建在制度上、制度建在流程上、流程建在系统上、系统建在数据上。这些思想，被凝结为“平安管理心法”。

（5）人力资源管理：平安的人力资源管理与数字化深度融合，推出的HRX人力资源管理办公软件受到业界的广泛关注。平安的智慧人事，以战略为引领、以组织为主轴、以队伍为依托，被形象地称为“工字型”模型，以此实现“全局看得清，执行抓得透，队伍管得好，组织控得牢”。

（6）风险管理：平安集团的风险管理，建构在“251”全面风险管理体系之上。“2”是指集团和专业公司的双重风险管控体系，“5”是指按照国家标准设立的覆盖五大类风险的风控体系，“1”是指平安建立智能化的统一风险管控平台，以实现信息互通，高效管理。

8. 华润集团

【公司简介】

华润集团的前身是于1938年在香港成立的“联和行”，1983年改组成立华润（集团）有限公司（以下简称“华润”）。如今业务涵盖大消费、综合能源、城市建设运营、大健康、产业金融、科技及新兴产业6大领域，旗下拥有雪花、怡宝、华润万家、万象城、999、双鹤、东阿阿胶、江中等享誉全国的知名品牌。华润位列2022年《财富》世界500强第70位。

【标杆学习看点】

（1）组织管理：华润在企业发展的过程中，沉淀了非常多经典的、原创的组织管理理念，比如6S战略管理体系（战略规划体系、商业计划体系、管理报告体系、业绩评价体系、内部审计体系和经理人考评体系）、5C价值型财务管理体系（资本结构、现金创造、现金管理、资金筹集、资产配置）等，对于指导大型企业的组织治理有很高的借鉴价值。同时，华润也是国内第一家引入“行动学习”方法用于解决实际业务问题和管理问题的企业，并在此基础上形成了华润特色的行动学习方法论。

（2）集团管控：华润目前的业务范畴包括大消费、大健康、城市建设运营、综合能源、产业金融、科技及新兴产业六大业务板块，每个板块都在国际上具备领先的竞争能力。华润实行战略型管控，集团总部努力实现三种价值：一是业务价值，即努力为公司利润中心创造价值；二是资产价值，在资本利得层面实现特殊收益，确保国有资产安全和保值增值；三是管理价值，通过专业化管理提高整体运营效率，降低整体运营成本。华润现已成为国内价值创造型总部的典范。

（3）数字化：华润集团通过“管服分离”的组织变革，“一部两公司”建制，将信息管理部更名为智能与信息化部，规划引领，统筹推动，实现职能管理专业化；两个公司分别是润联科技和华润网络，润联科技聚焦企业业务和集团共同技术平台研发建设，向利润中心和外部提供信息化服务，华润网络聚焦个人业务，服务华润的会员客户，实现技术专业化和服务市场化。

（4）科技管理：华润集团提出“宜研则研、宜合则合”的研发策略，既坚持自主创新、掌握关键技术，又追求对外互利合作，快速形成企业的科技能力。华润成立了人工智能实验室、5G和工业互联网实验室、区块链实验室等，开展系列技术攻关、产品研发工作。同时，也与许多伙伴建立了长期良好的合作关系，积极构建自己的产业生态。

（5）人力资源管理：华润的人力资源管理，被总结为TOP人力资源管理体系，将人才（Talent）、组织（Organization）、业绩（Performance）相匹配，形成支撑战略落地和承载企业文化的人力资源管理体系，由此培育世界一流的人才队伍。TOP模型各子体系可独立成道，同时又相互联系、相互支撑和相互作用，共同构成华润人力资源管理之道。

（6）特色党建：为了解决基层党建重点难点问题，华润构建形成具有自身特色的“新时代华润党建7C体系”。即“围绕一个根本——（党的全面领导），两个保障——（全面从严治党）、（党建责任制），三个抓手——（基层组织建设）、（党管干部）、（党建塑文化），一个延伸——（在商言政）”。

9. 中粮

【公司简介】

中粮集团（以下简称“中粮”）是中央直属大型国有企业，中国农粮行业领军者，全球布局、全产业链的国际化大粮商。中粮集团以农粮为核心主业，聚焦粮、油、糖、棉、肉、乳等品类，同时涉及食品、金融、地产领域。公司近一半营业收入来自海外，农产品全球年经营总量是中国年进口量的一倍以上。2021年度整体营业总收入6 649亿元，位列《财富》500强第91位。

【标杆学习看点】

（1）运营管理：中粮根据市场需求，采用“公司 + 基地 + 农户”的运作方式，开展订单种植回收作物，被称为“中粮模式”。中粮对农业生产提出品种、品质需求，由当地村屯农业生产带头人牵头成立新型农业经营主体，中粮与其建立农业产业化联合体，带动当地农民连片种植、标准化生产，有效为农户节省劳动力，降低种植成本，提高生产效率。除此之外，中粮的“粮食银行”模式形成了下联众农户、上接大市场、贸工农一体的产业化经营模式。

（2）干部管理：中粮全面推进经理层任期制和契约化管理，制定了领导人员能上能下、考核评价、任期目标责任制、职业经理人制等“7+1”制度体系。集团上下2 000多名经理层人员签订了任期目标责任书，以三年为一个任期，立下军令状，明确责权利，以实绩定去留，树立起“有为才有位”的鲜明导向。

（3）公司治理：中粮按照“小总部，大产业”的原则，压缩管理层级至三级，把管资本、管资产和管执行分开，形成“总部—二级平台—三级子公司”清晰国资监管架构。总部作为资本层，以股权关系为管理纽带对二级平台进行管理，下放资产经营调度权，实现了总部向管资本的转型；二级平台以业务板块划分为 18 家行业属性专业化公司，作为专业业务管理平台负责业务推进，对旗下的三级子公司（即生产单位）进行管理；三级子公司则为具体的经营单位。

（4）组织管理：“团队学习法”是中粮内部独具特色的管理实践，具有高度情境化特征，案例研究可以通过纵向深入剖析组织情境，挖掘现象背后隐含的管理逻辑。通过“团队学习法”的推行，中粮上下不断围绕战略性问题进行研讨，并由此推动了诸多重要的业务转型和管理转型，形成了组织的统一语言和统一方法。

（5）全球化管理：定位于“世界一流大粮商”的中粮，为不断增强供给能力，近年来在全球持续布局，构建起集收储、加工、物流、销售贸易、分销于一体的全球产业链，连接起了全球粮食主产区和亚洲新兴市场，在玉米、小麦、大豆等多个核心品种上形成了全球配置能力。依托全球产业链，中粮持续推进“买全球，卖全球”，扩大国际合作生态伙伴，既为全球农粮市场注入了“中国活力”，又持续为中国消费者提供了来自全球的高品质特色农产品。

（6）科技管理：中粮集中资源和优势力量打造中粮营养健康研究院，强化对科技创新工作的统揽牵引。目前，研究院拥有国家级平台 3 个、省部级平台 16 个、行业平台及资质 5 个。为确保上下贯通，中粮构建“集团—专业化公司—工厂利润点”三级创新研发体系，集团牵头抓总，专业化公司为创新主体，中粮营养健康研究院为核心研发平台，上下联动，协同推进，有效凝聚科技创新系统合力。这套科技管理体系有力地支撑了中粮的产品创新和业务发展。

10. 比亚迪

【公司简介】

比亚迪成立于 1995 年 2 月，总部位于广东省深圳市，业务横跨汽车、轨道交通、新能源和电子四大产业，在香港和深圳两地上市。2021 年，比亚迪销售汽车 74 万辆，其中新能源汽车约 60.4 万辆，连续 9 年中国第一。比亚迪于 2022 年首次入选《财富》世界 500 强，位列第 436 名。

【标杆学习看点】

（1）战略管理：比亚迪的成长之路是围绕核心能力的不断选择之路。从电池开始，到手机，到新能源汽车，再到光伏、云轨，比亚迪实现了核心能力的不断外溢，选准市场赛道，并快速做到了行业领先。特别是在新能源汽车领域，比亚迪新能源汽车销量从第 1 辆到第 100 万辆，用时 13 年，从 100 万辆到 200 万辆，用时 1 年，从 200 万辆到 300 万辆，仅用时半年。2022 年比亚迪以 186 万辆的销量，超越特斯拉成为全球第一大新能源汽车企业，是战略性的胜利。

（2）产业链布局：比亚迪超前探索新能源汽车，其发展早期在零部件上纵向延伸，大部分零部件实现自供；在三电领域进行业务拓展，自研永磁同步电动机，自研 IGBT（现迭代至第四代），由此成为全球唯一一家掌握 IGBT 核心技术的车企；自产碳化硅电控系统，同时，在动力电池领域，坚持使用磷酸铁锂电池，自主研发的刀片电池通过针刺测试。比亚迪围绕新能源汽车，形成了覆盖上游、中游、下游、后市场的全产业链布局。

（3）科技管理：比亚迪之所以取得今天的领先地位，核心依托的是强大的科技研发能力，从中央研究院，到汽车工程研究院、汽车智慧生态研究院，再到卡车研究院、客车研究院、产品规划及汽车新技术研究院等，比亚迪的科技研发体系支撑了新能源汽车领域的电池、电机和电控三大核心技术，也是比亚迪走向高端化的底气来源。"542"（5：百公里加速低于5秒；4：全时电四驱；2：百公里油耗低于2升）更是重新定义了行业内对高性能车的新标准。

（4）运营管理：做高端产品是比亚迪非常明确的战略发展方向。比亚迪重组品牌家族，围绕王朝、海洋、腾势、仰望、"F"五大品牌，正实现多品牌策略与高质量发展。自下而上，通过中低端车型获得销量积累后，冲击品牌向上。这种升级路径，也是中国企业走向高端化的典型样板。

（5）人力资源管理：比亚迪全球员工数高达28万人。在公司高速发展过程中，人力资源管理的能力起到了至关重要的作用。比亚迪的用人理念是能者上、平者让、庸者下，岗位靠竞争，薪酬凭绩效；凭能力上岗，凭贡献取酬。同时，设计了富有特色的"腾龙计划"人才管理框架，从雏龙、潜龙、见龙到惕龙、跃龙、飞龙，比亚迪为人才设计了全生命周期的发展路径。

第 12 章

标杆学习设计

标杆学习是有着悠久历史的学习方法，不仅适用于企业，也适用于个人。因为，向标杆看齐是推动企业和个人进步的重要方式。知道所谓的最佳实践，才能有形化努力的方向，才有进一步缩小差距甚至超越标杆的可能性。无论是古人讲的见贤思齐，还是现在讲的对标最佳实践，都是标杆学习精神的体现。

方向虽然明确，但是在标杆学习的过程中，常常会出现两个典型的问题，一个是只见树木不见森林，另一个是知行分离。著名管理学家彼得·圣吉（Peter Senge）在《第五项修炼》一书中写道：

管理创新常常被形容为领袖企业的“最佳实践”。对最佳实践的标杆管理可以打开人们的眼界，看到什么是可能做到的；但这也可能弊大于利，因为它把注意力引向零碎的模仿抄袭和攀比。

丰田公司一位经验丰富的经理在接待了一百多个高管参观团后评论说：“他们总是说，‘哦对了，你们有看板管理系统，我们也有。你们有质量圈，我们也有。你们的员工填写标准工作说明表，我们也一样。’他们都只看到了那些局部的东西，并进行了模仿。而他们看不到所有的局部整合在一起运行的方式。”

我不认为通过模仿别人能够成就一个伟大的组织，就像任何个人的伟大不能通过试图照抄其他“伟人”来实现一样。

很多人把企业比喻成一个生物组织。这个生物组织由各个系统构成，系统间相互作用，形成了企业的整体。所以，割裂地看问题，什么都对，但就是无法形成合力，标杆学习的场景也是如此。另一个必须正视的问题是，企业与外部环境是紧密联系的，环境在变，而且在变得更复杂，企业也必须具备与之协同进化的能力。这种协同进化的能力底座就是企业的学习力。

在过去平稳的环境中，在科层制的结构中，最重要的是企业的一把手要想清楚，定好战略，组织机器就能运转起来，拿到好的结果。但是今天，除了一把手，几乎要求企业中的每个人都要具备强大的学习能力，唯有如此，企业才能适应环境，继而持续发展，这是时代之于企业的要求。

这里面，我们有必要澄清一个观点。标杆学习不是舶来品。有人将标杆学习视作对西方“最佳实践”（Best Practice）理念的中国演绎，我并不认同。因为，标杆学习的底层是绵亘几千年的朴素理念。中国古代有很多脍炙人口、源远流长的著作，比如《资治通鉴》，里面的很多经典案例，用今天的视角看，就与企业经营中的标杆学习有关。我们既要向外看，更要不媚外，用客观求实的精神对待所有的概念、事物。

企业的标杆学习是标杆学习精神和方法在企业里的应用。中国的市场经济发展较晚，所以我们要在市场化的企业经营方面虚心向国外优秀企业学习。标杆学习是过程，是手段，服务的目的是企业经营、企业发展，要牢记这个大前提。

标杆学习设计包含以下几个关键要点。

一、底层的学习设计理论

1. 最佳实践

最佳实践，英文是 Best Practice，简单来说，可以理解为同行业中最好的做法，即行业中被用于学习对象的标杆（Benchmark）。现代很多管理理念和管理方法，都是基于最佳实践基础上产生的，比如差距分析、绩效改进、业务诊断等。最佳实践提供了所谓的前进目标，给出企业改善优化的具体方向。

但是，最佳实践的标杆对象并不是统一明确的，因为在不同的企业看来，它的参照系是不同的。比如，有些企业做同产品品类的最佳实践对标，有的做同行业的最佳实践对标，有的做同类客群的最佳实践对标，有的对标对象在区域内，有的放眼全国，有的放眼全球。所以，最佳实践的标准，也取决于企业本身的眼界、格局。

2. 案例教学

案例教学最早起源于医学领域的研究和教学，通过对一个个病例的分析，达到知识学习和实践应用的目的。很快，案例教学法传入了很多领域，最为人熟知的就是商学领域，尤其以哈佛商学院、毅伟商学院等案例教学最为有名。案例教学，选取典型企业的实践，通过研讨实现对商业场景的深度认知，并不断提升解决企业经营实际问题的能力。

标杆学习为企业的案例教学提供了鲜活的素材，一方面是标杆的最佳实践本身，但更重要的是，由标杆企业创设的业务场景和管理场景，能激发我们对自身问题的重新思考。如果将案例学习的方法融入标杆学习之中，常会取得出乎意料的良好效果。

关于企业的案例教学，后面我们会专门拿出一个章节进行讨论。

3. 经验学习圈

美国著名的心理学家、教育家大卫·库伯（David Kolb）提出的经验学习圈理论，指出了学习的四个适应性阶段，分别是：具体经验（Concrete Experience），反思性观察（Reflective Observation），抽象概念化（Abstract Conceptualization），主动实践（Active Experimentation）。这四个阶段，不是线性的先后顺序，而是一个持续演化增强的闭环。学习过程有两个基本结构维度，第一个称为领悟维度，第二个称为改造维度，在学习过程中两者缺一不可。

标杆学习的基本形态——实地参访、现场分享，无疑是非常有效、具体的经验营造（阶段1），而交流问答环节则会促进参与者的反思性观察（阶段2）。但是传统的标杆学习常常止步于前两个阶段，而在抽象概念化（阶段3）和主动实践方法（阶段4）方面较少涉足。面向未来的标杆学习，重点在于改造后面的两个阶段。具体的方法，可以参考后面的章节。

4. SECI模型

野中郁次郎和竹内弘高提出的SECI模型被很多企业视作企业知识管理的底层理论基础。其将企业知识划分为隐性知识和显性知识两类。在企业创新活动的过程中，隐性知识和显性知识二者之间互相作用、互相转化，知识转化的过程实际上就是知识创造的过程。知识转化有四种基本模式：潜移默化（Socialization）、外部明示（Externalization）、汇总组合（Combination）和内部升华（Internalization）。

在SECI模型中，特别强调社会、群体交互对于知识转化、知识创造的价值。在企业实践中，通过标杆学习，实现组织知识螺旋式的上升发展：感觉→判断→决定→管理行动→业务安排→新的感觉、判断。特别是现在的转型变革，尤其需要关注知识的不断再创造。

当我们有了这些底层的认知，我们就可以开始标杆学习设计之旅了。

二、标杆学习设计的四种逻辑

1. 逆向回溯法

企业做标杆学习的设计，通常的惯例是“正向”探寻。表述的是，我作为被学习的标杆企业，我为什么成功，我做对了什么，我有哪些能力，我有哪些独特的优势，我创造了哪些辉煌的战绩。这些思考角度当然也有价值，听起来也很过瘾。但是，正如很多企业史的研究所表明的，很多企业并不能“基业长青”，从胜利走向胜利。甚至，过往的成功还会成为未来发展的枷锁。

这也就意味着，我们必须穿透所谓的能力表层，去深挖能力背后的价值。能力背后的价值，是洞察客户需求、满足客户需求的能力。这是企业基业长青背后真正的底层动力。

今天，有些所谓“成功”的企业变得很傲慢，它们不认为客户知道自己想要什么，而是试图依靠自己的优势教育客户、掌控客户。这种教育、掌控，实践证明都是短期的，因为没有一家企业能靠教育客户、掌控客户走向长久的成功。

洞察客户需求绝非易事，否则就不会有那么多大公司被客户无情地抛弃。在数字化时代的今天，C2B2C 的模型被反复提及，这个模型背后的深刻含义是：

C：客户

B：企业

C2B：不断通过定性和定量的研究，分析客户需求，反向推动企业的产品升级和服务升级，响应更快，更个性化。

B2C：企业要不断丰富对客户的洞察，不但要满足客户"说出来"的需求，还要基于数据洞察，对客户需求有更深层次的理解，包括需求预判，通过好产品、好服务，来引领客户需求。

所以，C2B2C，绝不是一个简单的文字游戏，背后是数字时代企业运行逻辑的深刻变革。

在标杆学习时，我们常常辅导企业提前做如下思考：

（1）对标企业的产业赛道如何定义，产业价值链由哪些环节构成，对标企业所处的位置如何？

（2）对标企业的客户画像是什么，典型客户是哪些，客户的需求是什么，需求有哪些变与不变？

（3）从客户需求出发，对标企业的关键业务价值链是如何设计的，哪些是其核心竞争力，在其打造核心竞争力的过程中，有哪些独特经验？

（4）在服务客户的过程中，我们做出了哪些关键性的决策，这些决策是如何做出的，今天再复盘有哪些得失体会？

思考之后，在没去标杆企业之前，我们就已经比标杆企业的人更深入地思考了这家企业为什么"赢"。我们只有认真、深入地思考过了，在访学的过程中才能问出有质量的问题，而不是随机发问，聊聊而已。

从赛道出发、从客户需求出发去理解一家标杆企业的“标杆之道”，就找到了按图索骥的钥匙。否则，就容易陷到听什么都是对的却抓不住重点的困境中。

2. 历史演进法

如果我们参访一个标杆企业，听的都是“当下”的成功经验，很可能会走入“横截面”的误区。因为此时我们仅仅看到了今天成功的“结果”，但是没有找到它成功的原因。企业的成功常常是积淀的结果，这个积淀的过程既有顺利的如预期的部分，也有很多的有挫折和不合预期的地方。在不断找到正确方向的路上，沉淀出企业今天的能力。

在标杆学习的过程中，我们可以从两个方面去探究一家标杆企业的历史。

最简单的方式，是安排一个环节，让对方企业的员工讲讲企业的发展历史。讲述人可以是经历过创业初期的老人，如果不行，也尽量找资历比较久的人。当然，最理想的情况是创始人或创始团队的高管来讲，他们可以在分享发展历史过程的同时融合很多对战略的思考。

当然，我更建议企业在参访前做一些标杆企业的历史研究，然后带着自己的思考去企业参访交流。这样，我们交流的目的性就更强，收获当然也更大。

历史的反射面叫作“未来”。当我们去参访标杆企业的时候，不妨也问问他们对于“未来”的看法，包括宏观趋势、产业格局、客户需求变化等。相信我们在从历史穿梭回现在再奔赴未来的思想旅程中，能收获更多。

3. 竞争比较法

在走访标杆企业的过程中，当我们问这些企业："你们的直接竞争对手有哪些？你们通常和哪些企业对标？"有些标杆企业会自豪地说他们没有直接的竞争对手。其实，一个综合多元的业务集团，可能确实没有直接可对标的竞争对手，但是落实到某一块具体的业务，断然不会出现绝对的"无人争锋"。

我们对标学习的目的不仅仅是向某个优秀企业学习，而是更希望能够看到某个行业的全貌，理解这个行业中优秀企业的相对优势。因为优势这个选项，从来都是相对值，而不存在绝对值。

比如，我们去一家互联网公司参访，这家公司每个产品的用户规模都很大，能达到几千万甚至上亿。但是如果我们把它与它的竞争对手放在一起看，也许这家公司的用户规模是最大的，但是用户增速未必是最快的，ARPU（每用户平均收入）未必是最高的。结合几家竞争对手之间的此长彼短，再去听这家企业的分享，更有可能从中找到差异形成的关键。

竞争有不同的范畴。同样的客群、同样的市场区域、类似的产品、类似的价格区间构成了直接竞争，针锋相对。

但是，更多的情况是，类似的需求，不同功能、属性、价格、解决方案、服务模式，这些构成了有一定异质性的竞争。对这些，我们不能视而不见，也要把它们纳入竞争的视野中。比如，剧本杀、KTV、蹦床、花艺、瑜伽，这几件事看起来毫不相关，但是在消费者的休闲消费需求上，几者之间存在着隐含的竞争关系。如果看不到这一点，就常常容易错失掉很多的新商业可能性。

当然，随着全球化的推进，我们的视野更要向外看。比如，我们要不断追问，国际市场上有没有类似可对标的对象，无论是全球性的领导者，还是区域性的领导者，它们的成功之道是什么，我们如何从非本地市场的领导者身上，学到可以应用于自身的能力。

在数字化时代，绝对的信息垄断越来越难。但是，多元格局依然存在，地区差异依然普遍，这也创造了很多以复制能力实现市场扩展的可能性。

标杆学习之前，把对标企业的行业和竞争做个梳理，让学员有目的前往，有收获归来。当然，如果可能，还可以同时参访行业中几个领先企业。兼听则明，往往有意想不到的发现。

4. 垂直下沉法

这些年的标杆学习开始逐步呈现分层学习的趋势。核心管理层对标学习目标企业的战略设计、管理模式、业务模式，而专业领域的骨干则开始分主题对标学习专业的打法和实践。这背后，其实也反映了一个积极的信号：中国企业的标杆学习，正从笼统的听听先进经验，开始走向务实、审慎、以终为始、知行合一的标杆学习方向。

以制造体系为例，其标杆学习的设计可以有几种不同的方式。

其一，和其他不同职能的管理层一起，听听标杆企业的战略设计、管理模式和业务能力，从企业整体的角度学习其先进性，需要从战略到制造，从客户到制造，自己来举一反三。

其二，做定向的制造领域的管理层交流，听听标杆企业制造部门管理层的分享，包括从业务到制造、制造技术、制造管理等，这种交流本身就围绕制造展开，所以更有针对性。当然，因为行业常常存在跨度，也需要学员吸收消化。

其三，再下沉，不仅仅是走访车间、生产线，做实际的现场体验。同时，就具体的话题提前做准备，与对方的职能模块负责人做专项交流，比如排产规划问题、品质管理问题、工人管理问题等。不是被动地听，而是通过提前挖掘、准备问题，让目标企业的分享者讲我们需要的内容。这样的交流不亚于一次微诊断，对我们的工作常常有直接的指导价值。

三、标杆学习项目设计的经典范式

标杆学习项目，说起来容易，做起来难。根据我们在实践中的经验，我们按时间线帮大家梳理了一套设计标杆学习项目的经典范式。我们称之为“标杆学习七阶段”，大家可以做个参考。

1. 需求及目标确认

标杆学习的起点，是企业内部的业务需求和管理需求。所以，必须找到企业内的关键决策人，进行深度的需求挖掘和需求确认。基于什么样的考虑和问题出发去标杆学习，希望看到什么、听到什么、体验什么、交流什么，希望通过标杆学习学到什么、激发什么、改善什么、解决什么，这些问题回答得越清晰具象，后面的标杆学习就越有可能达到效果。关键决策人要明确对标学习的目标企业。学习对象可以是特定的一家，也可以是若干家，但是要给出对标的理由。掌握这些信息是我们设计标杆学习项目的基础前提。

2. 对标对象确认

从需求、目标出发，我们要通过各种资源渠道链接目标企业。在标杆学习的实际执行中，同一家标杆企业，如果承接的部门和相关负责人不同，常常效果也会相差很多。所以，要确认标杆企业的哪个部门、哪些人来承接。同时，要把我们想学习的话题与对方可分享的话题做对焦，形成对主题的确认和共识。这个过程，大家千万不要怕麻烦，或者不好意思。在很多时候，我们前置沟通得越细致、越具体，标杆企业的对接人越容易理解我们的需求，也更能充分地做针对性的准备。标杆学习一定不是单方面的，最好的结果一定是相互学习、教学相长，这在成功的标杆学习项目中屡见不鲜。

3. 前置学习设计

标杆学习，从立项敲定就已经开始了。如果我们已经确定了对标的企业，包括对标的话题，那么，学习项目的运营者就应该立刻行动起来。常见的前置学习动作包括：（1）相关资料的学习，比如标杆企业的年报、新闻报道、研报、视频等；（2）围绕交流话题的内部问题检视，并与标杆企业做定向或定量的对标，识别差距点；（3）如果可能，提前去体验标杆企业的产品或走访标杆企业的门店或现场，感受近距离的体验。这个前置学习，不应该是可有可无的“参考资料”，而是学习效果达成的重要基础。就像我们经常说的，没有前测，后测就没有意义。没有前测加后测，成果就无法度量（无论是定性的还是定量的）。

4. 现场学习交流

标杆学习的重头戏在现场，无论是走访、听讲还是交流。现场学习重在营造参与感，要最大限度地让学员参与进来，而不是游离在外，冷眼旁观。比较好的方法是尽可能让每个学员都带着任务或角色。比如，将学员分组，一组学员负责形成纪要，一组学员负责观察现场细节，一组学员重点负责提问。或者，让每个小组带着一个问题，要求在学习之后做专题复盘等等。这些设计不是为了人为地加担子，而是为了明确学习目标，有的放矢。

带着问题来，带着思路走，这是最好的学习。所以，问答交流环节是标杆学习中非常重要的一个环节，甚至是最重要的环节。标杆学习项目的组织者一定要让学员大胆提问。所有的问题，无论质量高低，都要予以鼓励。对于能够代表很多学员心声的问题，甚至可以给予提问者奖励。

5. 学后复盘总结

离开标杆企业交流学习的现场，如果可能，最好趁热打铁，在最近的时间（比如当晚）完成学员共同的复盘总结。根据我们的经验，团队复盘相较于个人复盘效果可能更好。这个复盘总结要精心设计，在导师的带领下，围绕学员企业的问题出发，复盘学到的要点，并从学以致用的角度形成一系列后续落地的举措，而不是泛泛而谈所谓的感受。在复盘总结中，既要看到差距，也要看到自己的优势，要结合企业的业务场景和业务特点，做建设性的讨论，而不是点评。

6. 项目后续跟进

《荀子・儒效篇》中讲道："学至于行之而止矣。"也就是说，只有真正知晓，才能指导自己的行动；只有能够践行，才算是完整或真正的学习。

作为标杆学习项目，组织者常常对项目结束后的跟进落地有心无力。但是，从公司的视角看，跟进落地才是最重要的环节。所以，要在可能的范围内，把学习后的成果转化落地，将其变成公司的管理行动。比如，学员的学习成果汇报要明确接下来的改进提升动作。这个承诺要公示出来，并作为目标管理跟踪的一部分，并形成常态化的机制。一些重要的改进点，甚至可以和战略管理部门一起，形成公司级或部门级专项工作。如果必要，公司甚至可以追加投入来推动落地。就像我们经常说的，销售成交不是结束，而是客户关系的开始。标杆学习也是一样，现场学习结束只是对标管理的开始，重点不在知而在行。

7. 后续的后续

当然，在标杆学习项目中，我们也看到了很多不经意间结出的硕果。有些管理者在学习中开始重新做自身业务的梳理，学习还没结束，自己所在部门的优化改善已经开始。有的公司将标杆学习作为公司业务变革、管理变革的开始，参与标杆学习项目的学员成为公司变革的骨干力量。我们还看到，因为学习的链接，有些参访企业与标杆企业成为业务上紧密的合作伙伴。这些似在意料之外，但亦在情理之中。

四、标杆学习的黄金三角模型

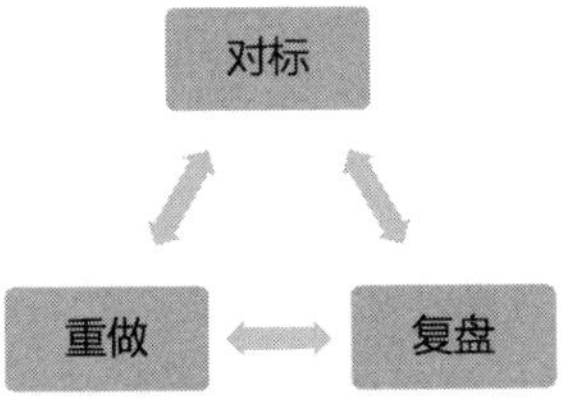

为了更通俗易懂地说清标杆学习过程设计的逻辑，我们在前面“标杆学习七阶段”的基础上，将其进一步简化表述为“对标—复盘—重做”的黄金三角模型。企业家和高管这个人群，更容易从顶层设计的视角而不是学习组织者的视角，去理解标杆学习的过程和目的。

走完“对标—复盘—重做”的全过程能让你从中受益匪浅。

1. 对标

关于对标对象的选择，对标学习的出发点，我们前面已经讲过很多了。简单来说，就是在我们关注的领域，我们具有显著短板的领域，找到同行业或跨行业、国内或全球的最佳实践企业。

找到我们对标的最佳实践企业容易吗？不一定容易！比如说，从营收规模上，我们是行业第八，我们向行业第一、第二做对标学习，这个当然容易，因为营收是客观的、外化的，大家都看得到。如果往下拆分，在我们这个行业，哪家营销做得最厉害？哪家产品创新最有特色？哪家的客户服务满意度最高？这些领域也相对好找，不过需要我们做点功课。但是，如果我们想去对标企业底层能力（比如制造体系的人力资源效能、订单及时履约的比率、财务现金流的管控能力、技术人才的培养）就有挑战了。因为企业在这些领域的能力、表现不会写在公开的地方，需要我们多方打听，比如，找目标企业内部的人、行业内的观察者、目标企业的上下游伙伴了解情况等，才可能找到真正厉害的那家企业。

我们是不是一定要向行业的第一学习呢？学第一当然好，问题是学不学得来。因为从学会到落地，还需要“资源”这个要素。我们的资源条件和第一类似吗？如果资源条件的差异较大，可能学了也用不了。这时候，跳一跳够得到的学习对象可能就是一个更好的选择。

今天，还有一个有意思的问题：行业第一就代表先进生产力吗？行业第一的形成，往往有很多历史的客观原因，这些成功要素在今天未必可以被复制。在商业世界，有时候看总量第一常常不如看增量第一。这就是为什么在淘宝大学、支付宝大学，我们要不断研究新锐企业、新锐产品，因为存量代表了过去，增量代表了未来。所以，从这个维度看，不妨把行业内增长最快的企业（不单是总营收的增长，也包括垂直产品线、专业领域、单项指标等）作为我们潜在的对标学习对象。

对标这个环节，最重要的是“知”。我们要知道在所在的领域里面，我们的真实情况、水平、位置，也要知道这个领域中做得最好的是哪家企业，我们和最佳实践的差距有多大。这个差距，既包括存量差距（现在是什么），也包括增量差距（未来可能是什么）。这些，构建了我们后面“学”和“行”的基础。

2. 复盘

标杆学习最大的魅力是通过分享交流复盘一家企业是如何成功的。光讲对标企业有多厉害是很空洞的，比如营收多少、全球份额多少、专利多少、技术人员多少，这些事实性的东西我们在“对标”阶段就已经很清楚了。标杆学习中，学员关心的是对标企业是怎么做到的？往深去探究，可以细分成一系列的问题：

（1）为什么要做这件事（这家企业）？——初心、愿景、使命、创始人和创始团队基因。

（2）这件事（这家企业）计划怎么做？——从战略到策略，目标、路径。

（3）过程中发生了哪些关键事件？——有意的、无意的、内部的、外部的、业务的、管理的。这些关键事件带来的影响。

（4）过程中哪些人起到了关键作用？——不一定是高管，也可能是某个岗位、某个角色。

（5）走到今天有哪些成败得失的体悟？——哪些是运气？哪些是时势？哪些是实力？哪些是努力？

（6）面向未来有哪些新的设计、布局？——对未来的研判，对未来的布局。

如果是细分对标某个领域，比如向一个产品创新能力特别强或是客户服务做得特别好的企业去对标学习，有哪些可以细分的问题呢？

（1）在公司的整体布局中，这个领域（如产品、客服）的定位是什么？——同样一个领域，在不同公司的重视程度、战略价值度也常常不同。

（2）这个团队是如何构成的？——事是由人做的，同样的事由不同背景的人来做，可能效果截然不同。

（3）在这个领域曾经做过哪些重要的尝试？——不仅是成功的，也包括失败的尝试。尝试背后，是对这个领域如何干、怎么干的思考。

（4）相较于其他同行（竞争对手），做的不一样之处？——寻找差异，解读优势形成的根源。

（5）公司对这个领域是如何考核，如何评价的？——绩效这个指挥棒，反应的是管理思路，和问题（1）相互印证。

（6）这个领域发生的经典的故事，最近一年印象最深刻的故事？——就像拉镜头的远近一样，通过故事来印证想法。

这些问题，不一定是我们事前写在纸上发给标杆企业让他们

做分享准备的，很多时候是学员自己写在心里的。这些问题的背后，是要把标杆企业何以成为标杆这个事情搞清楚，搞透彻，而不仅仅是走马观花，听听热闹。外行看热闹，内行看门道。这些问题，就是帮助大家把门道看清楚。

复盘的过程，就是“学”的过程。学的前提，是知道自己的需求，知道自己的问题。带着问题来，才可能真正学到自己需要的知识。第一阶段的对标（知），常常是关于企业的横截面（当下）。而第二阶段的复盘（学），则常常是关于过去，总结、梳理、萃取，都是从过往的经历中汲取规律性、方法性的东西。知历史才能见未来，所以，第二个阶段的复盘是很核心的。这个复盘，一方面是标杆企业的人在分享，另一方面则是学员通过追问做复盘背后的串联，做复盘背后的提炼。

3. 重做

学习的目的在于指导行动。标杆学习也是如此，它的真正意义在于学习之后怎么做，怎么行动？这里面，有两种不太一样的思路。

一种是相对传统的做法。标杆学习结束之后，让大家做一些头脑风暴、学习感悟分享，聊一聊印象深刻的地方，研讨一下哪些可以为我所用。此时大家一般都聊得很热烈，白板上也写了不少。

这种方式，在很多企业的学习设计中，已经是个不错的结束环节了。但是，它有三个突出弊病：①同时做 20 个改进，不如把 1 个改进做到位。多未必好，公司必须做出优先级的排序和取舍；②同时做对 20 个改进，事情总体未必好，这是局部和整体之间的关系，公司必须做出整体的顶层设计；③事情终归靠行动，对于 20 个改进方向，谁来负责落地实施，谁来负责提供资源保障，谁来监督效果投产比。这些，都需要公司跟进。

所以，标杆学习的意义一定不是在“学习”本身，一定在于“我”怎么用，我怎么“站在巨人的肩膀上”把我自己的事做得更好。

区别于传统方式的“散点化”，这里，给大家推荐一个方式——“重做”，一种更体系化的落地转化方式。

在阿里巴巴，无论是淘宝大学还是支付宝大学，我们对数以千万计的商家、企业赋能都有一个核心的主线，那就是让商家、企业具备“复刻”经验的能力。什么意思？就是要让学员最大化地了解经典案例操盘的细节，让学员有 80%~90% 的把握来“复刻”这个案例。

标杆学习其实也是如此，听得再热闹，头点得再多，鼓掌再热烈，都不如那句灵魂拷问——如果你是他，你能不能干？把“你”放在“他”的位置上，承担“他”的责任，位置一变，责任一变，通常来说马上就会涌现出大量的问题。因为在实际的工作中，光有思路可不够，还要处理很多细节问题，包括事的细节和人的细节。

所以，我在带标杆学习的工作坊时，通常都会有这样一个环节——重做。围绕标杆企业讲到的某个典型案例，无论是成功的还是失败的，我们把自己带入他们的场景里，假设我们就是他们，想想如何重做一遍。

这个过程，我形象地称之为“过电影”。“过电影”包括以下几个重要的环节：

（1）厘定目标、里程碑，盘点资源，明确团队人员构成、职责分工。

（2）按时间线梳理、推演整个过程，包括主线任务和支线任务。

（3）明确重要战役节点，细化战役节点的策略、打法、组织协同。

（4）识别“雷区”并制定“排雷”计划，围绕风险点做预判和预案。

（5）如果为了提升难度，亦可引入“红蓝对抗”的机制，在蓝军的“逼抢”下进一步思考调优。

“过电影”的过程是标杆学习中最精彩的部分，不单听了最佳实践，还把最佳实践全程走了一遍，这为未来的“复刻”打下了坚实的基础。

如果再往前走一步，我们可以再做一次“换角色”。主题就是“如果他是我，他会怎么做”。挑出学员企业自己的实际场景或实际问题，假设标杆企业的人用他们最佳实践的思路来做我们的事，想想他会如何想问题，他会做出哪些不一样的决策。在这个过程中，我们应该如何配合他，给他提供什么样的支持，让他有可能做得更好。

在这两次“换角色”之后，参与标杆学习的学员大概率已经被我们“武装”好了，因为他们已经对最佳实践的独到之处以及与其自身业务的结合有了充分的模拟。接下来，公司再让大家进行一系列有针对性的行动就是顺理成章的事了。

管理大师戴维·尤里奇（Dave Ulrich）在《变革的 HR》一书中，关于企业通过学习进行持续提升有过精彩的论述：

学习包括两个独立但同等重要的步骤：产生新创意，在组织内推广（分享）这些新创意。新创意的产生来自：标杆学习（看别人做了什么，并因之而变）、实验（尝试新的事物，看它们是否以及如何行得通）、能力获得（雇用或培养具有新的技能和创意的人才）、持续改善（基于建议体系和流程分析）。推广创意意味着创意要跨越时间（从一位领导者传至下一位领导者需要时间）、跨越层级（从组织的某个层级至另一个层级）、跨越空间（从一个地方到另一个地方）或跨越部门（从一个业务单元到另一个业务单元）进行传播。

杰克·韦尔奇（Jack Welch）在《杰克·韦尔奇自传》中，曾提到GE内广泛被使用的一个工具——“特罗特矩阵”。这个工具正是标杆学习思想的产物，并内化于GE的日常管理，产生了惊人的效果。

劳埃德（全名“劳埃德·特罗特”（Lloyd Trotter），原通用电气副董事长、工业集团总裁兼首席执行官）首先确定12个对所有工厂都相同的衡量标准和程序，然后，他要求每个工厂的经理在每一个项目上给自己评分，项目包括存货周转、订单完成情况等等。

在矩阵的一条坐标轴上是他们自己的评分，分数从1到5，其中5分最高；在另一条坐标轴上则是流程或程序等项目。当他把工厂的经理召集到一起开工作会议时，如果有谁给自己打了最高分，他就要求每位得最高分的经理解释一下他是如何做到最好的。

有时，“5分”经理在解释为什么给自己打这么高分时给出的理由不太站得住脚，那么很显然，劳埃德第一次寻找最佳实践的努力没有得到严肃的对待。这时会有很多经理感到十分尴尬。只有在下一次，真正的学习活动才开始展开。劳埃德举了个例子，在北卡罗来纳州的索尔兹伯里，工厂的存货周转率超过每年50次，而其他工厂的平均周转率只有12次。没过多长时间，其他工厂的经理就开始络绎不绝地来到索尔兹伯里，他们要学习参观这里的工厂到底是如何做得这么好的。

后来，自我评价的方法很快就被量化测评的方法所取代。

劳埃德有一个习惯，喜欢在最好的业务实践旁边画上圆圈，而给最差的画上方框。没多久，这些记号就被人们称为“光圈”和“棺材”——这真是对劳埃德心目中不同地位的形象描述。

劳埃德的矩阵透明度很高，每个人都对它非常重视。没有人想落在最后，因此经理们争先恐后去做得最好的工厂参观学习，想方设法把自己的工厂搞得更好。我们怎么知道那矩阵行之有效呢？在市场增长很缓慢的情况下，劳埃德的经营利润率依然从1994年的1.2%提高到1996年的5.9%。在2000年，他们的利润率达到了13.8%。

通过上面的分析和案例，希望大家能够认识到，方法永远在变，但是从“行”的视角倒推“学”的需求，再到“知”的对象，这个“黄金三角”模型可以帮助我们在未来解决很多企业中的问题。

第 13 章

案例篇：万科的标杆学习之路

万科成立于 1984 年，经过近 40 年的发展，已成为国内房地产行业公认的标杆企业。1991 年 1 月，万科在深交所正式挂牌，成为全国第一家上市地产公司。2016 年公司首次跻身《财富》“世界 500 强”，位列榜单第 356 位，2022 年位列第 178 位。某种意义上说，万科的成功，也是以标杆学习为企业精神内涵的成功。

标杆一：索尼

万科最早的学习标杆是日本的索尼。1984 年，以贸易起家的万科的主要业务之一就是销售索尼录像机。申请在深圳建立索尼设备维修站的过程中，王石提出不需要索尼公司投资的提议。但是索尼不为所动，坚持维修站要达到精专的服务能力，必须有两名在索尼培训一年的电器工程师。

这次经历让万科感受到索尼对客户负责的鲜明态度。索尼始终从客户的利益考虑问题，这是其口碑好的根本原因。消费者只知道索尼的设备技术含量高，质量一流。其实，在一流设备的后面，还有一个为客户着想的精益求精的售后服务的技术保障体系。

两年之后，万科投资的一个房地产项目——深圳天景花园交付使用。受益于索尼的“售后服务意识”，万科成立了深圳第一家业主管理委员会，并制定了服务业主的管理章程。不经意中，优秀物业管理成为万科地产品牌的内涵之一。这种服务意识，让万科在进入房地产开发领域后迅速以营销优势打开市场。其物业管理获得了极佳的口碑。当时业内甚至有种说法：“买万科的房子，就是买万科的物业管理”。

标杆二：新鸿基

万科的第二个标杆学习对象是香港的新鸿基地产。20 世纪 90 年代，新鸿基的规模是万科的 60 倍。其能够成为地产大王，关键在于其极具眼光的土地储备战略——早在 20 年前就储备了大量的低价农村土地。万科进而意识到中长期土地储备战略的重要意义，迫切需要公司的资源聚焦。

那个时候，万科涉足了 13 个行业（房地产只是其中之一），顶峰时曾经有 55 家全资或合资的公司，其中很多行业与房地产完全不相关，而且万科在每一个行业均有所斩获，是当时名副其实的多元化企业。对标新鸿基之后，万科从多元化的布局中清醒过来，决定走专业化的发展道路。万科开始做减法，一口气砍掉了 90% 的业务，专注做房地产，而且，在房地产领域，万科也不是遍地开花，而是收缩在几个核心城市，其他的地方一概放弃，等到自己的实力足够强大之后，再将收回来的拳头打出去。由此，万科走上了高速发展之路。

除了专业化经营，卓越品质也是万科向新鸿基标杆学习的重点。1996 年，万科提出“质量是万科的生命线”，要在产品的设计、建筑、市场推广和物业管理等不同阶段满足客户的需求，力图打造全方位的高品质产品和高品质服务。不仅是在项目流程设计上，在公司的组织架构、企业文化上，万科还效仿新鸿基地产的“新地会”，创建“万客会”。

标杆三：帕尔迪（Pulte Group）

2004 年，万科曾组织过一次务虚会，主题是：畅想万科 30 岁。在这次会议上，万科定下了“十年千亿”的目标，并将其写进了万科的第三个 10 年战略中。这个目标有多么“大胆”，我们可以从数据中找到印证。2003 年，万科的销售额只有 63.8 亿元。但是，出乎很多人意料的是，万科的千亿目标，在 2010 年就实现了。到了 2014 年，万科的销售额是 2 151 亿元，比定下的 10 年战略目标还翻了个倍。

那个时期，万科的对标学习对象是美国的帕尔迪。帕尔迪是当时全球最大的房地产公司，其与万科在发展路径上有颇多相似之处。万科和帕尔迪早年都多元化发展，后来专业化发展，再后来聚焦到住宅地产。帕尔迪作为一家有着 50 多年发展史、经历了 6 个完整的房地产市场周期的企业，在行业集中度高、竞争激烈而且持续波动的美国市场环境中，始终保持着较高的市场份额。

2004 年，帕尔迪的销售额是万科的 6 倍，利润是万科的 9 倍，市场份额是 4.5%，而万科不到 1%。美国的房地产行业平均收益率是11%，帕尔迪的内部收益率为18%，万科的内部收益率一直低于行业平均收益率。万科20年持续盈利，帕尔迪53年持续盈利。万科与帕尔迪公司都专做住宅，帕尔迪在美国27个州、44个城市有业务，而万科只在10个省、19个城市开展业务。此外，帕尔迪客户忠诚度超过40%，这也是万科不能比的。对标帕尔迪，让万科学到了什么呢？

帕尔迪是一家非常重视能力的公司，主张能力第一，机会第二。其能够成为美国第一大房地产商，缘于一个基本的战略信念：始终强调公司卓越的竞争能力，坚信机会属于有准备的人。帕尔迪非常重视客户体验，为了确保客户满意，其在1993年建立了客户满意度监测系统，通过这个系统可以同每一个客户进行沟通，然后持续地改进工作流程，以确保满足客户的需要。

除了核心能力建设与卓越客户体验，万科从帕尔迪那里学得最成功的，是如何进行客户细分。帕尔迪把客户分为首次置房、首次换房、二次换房和活跃长者置房4类，随后又扩展为11类。这些产品能够满足一个美国人一生的住房需求，其结果就是在客户中的影响力突飞猛进，美国人买房子首先想到的就是帕尔迪。

最初，万科和国内房地产公司类似，对于客户和产品线的研究完全处于自发和本能的状态。1993年万科开始探索跨区域发展时，产品主打城乡接合部的大众住宅开发。2000年6月，王石指出"商品住宅从面向少数群体的奢侈消费转向普通人的大众消费已经成为不可逆转的趋势"，万科开始盯住市场份额最大的大众需求。2004年前后，当国内主流开发商集体"向上"、做豪宅成风时，只有万科率先"向下"延伸产品线。

从2005年开始，万科学习帕尔迪，从关注产品转向关注客户，从客户的收入、生命周期以及价值取向对产品进行多维度细分。万科把客户分为以下 5 类：经济务实家庭（25%）、职业新锐家庭（29%）、望子成龙家庭（31%）、彰显成功家庭（9%）、关注晚年家庭（6%）。

新的客户细分使万科更加关注客户的终身购房计划，大大延伸了万科的产品线。之前万科主要开发城乡接合部的中档住宅，此次调整后，城市中心区、城乡接合部以及远郊的各区域、各档次住宅都在万科的版图上。

标杆四：大和房建（DAIWA HOUSE INDUSTRY）

2021 年 10 月，在万科举行的年度媒体交流会上，郁亮在谈到房地产行业的发展时提到了自己的观点："尊重常识，回归常态，阵痛之后，仍有机会。"郁亮提到，日本房地产行业在 20 世纪 90 年代后出现了很大衰退，但是在这个过程中，也有做得好的企业，例如大和房建。它原以地产开发业务为主，在缩表的时候行动比较坚决，现在是日本的租赁公寓业务第一、物流业务第一。对标大和房建的转型成功给了万科很大信心。

大和房建由石桥信夫于 1956 年创建，依靠钢结构房屋为核心迅速发展，并依靠个性化的设计能力在日本房地产行业占据了一席之地。从 1991 年开始，日本房地产市场崩盘，房地产行业进入了衰落的下行周期。大和房建坚决地进行了缩表，同时，进行商业模式的改革转型，从资金密集模式向轻资产模式转变，从地产开发业务为主向房地产服务业务转变，成立了生活服务公司、能源公司、房屋租赁公司、物流公司等。同时，大和房建也提出了自己独到的经营理念——"热汤经营"，即提出极高目标、积极行动的经营方式。多元化转型并没有影响大和房建的收入。

资料显示，近50年，大和房建新开工量持续降低，但是近20年，收入却增长4倍。2011年，大和房建入选《财富》杂志评选的世界500强，位列495名，此后连续10年入选，排名不断上升，于2021年排名升至第306名。

大和房建的案例告诉我们，一个企业在房地产大衰退、大缩表的过程中仍然可以取得成功。郁亮也曾讲到，大和房建和万科的业务有相似之处，大和房建的案例给了万科信心。

标杆五：FirstService

2022年9月，万科旗下物业服务公司万物云在香港上市。万物云的对标学习对象也不简单，是北美最大的物业管理公司——FirstService（简称FSV）。

FirstService成立于1989年，于1993年在多伦多交易所上市（FSV.TO）。2015年公司前身FirstService Corporaton（“Old FSV”）拆分为两个独立公司——FirstService Corporation（本文研究对象，下称FirstService）和Colliers International Group Inc.（高力国际）。在过去30年间，FirstService的业务增长秉持“一步一个脚印”原则，通过内生增长和投资收购的双轮驱动模式，实现了稳健增长，也获得了资本市场的较高认可，PE估值一直处于较高水平。截至2023年5月3日，FSV市盈率52.9倍，高力国际市盈率高达86.1倍。

从目前万科物业板块的设计来看，能看到鲜明的FSV的影子。万物云打造出万物梁行与万科物业的两翼齐飞之势，完成“双品牌、双领先”的业务布局。其物业基础服务与增值服务，从很大程度上就是在对标FSV的FirstService Residential（住宅物业管理）和 FirstService Brands（物业服务提供商）的业务布局。

当然，除了这些企业，万科也曾对标学习美国霍顿房地产公司（D.R. Horton）的集权与分权，学香港汇丰银行（HSBC）的公司治理，也向中国家电的龙头企业美的学习精益管理等。从标杆学习出发，不断提升公司管理水平，不断驱动公司的业务发展，万科给我们提供了一个绝佳的中国企业样本。

第 14 章

案例篇：吉利的标杆学习之路

吉利是中国民族工业的代表性企业，2012 年首次进入《财富》世界 500 强，2022 年以 558 亿美元营收位列《财富》500 强第 229 名。

吉利的发展过程也是一个持续对标学习、持续赶超的过程。在吉利的四大企业文化中，除了“奋斗者文化”“问题文化”“合规文化”外，另一个引人注目的就是“对标文化”。

吉利于 2012 年正式提出“对标管理，品质经营”的思路，在经营、生产、研发、供应链、销售等各个环节，以世界级标准进行对标提升。

对吉利来说，对标要“优中选优”，从对标对象的选择上就要反映企业的高远志向。对标的意义在于学习之后的内化，核心是要变成吉利自己的东西。在吉利的发展中，吉利曾向不同的优秀企业学习，比如：在文化上对标华为的“以奋斗者为本”，在精益管理上对标丰田和海尔，在产品研发上对标丰田，在采购管理上对标海尔，在售后服务上对标雷克萨斯，等等。通过细分价值创造环节，逐个对标世界级的标杆实践，吉利在短时间内不断跨越成长台阶，实现了一次又一次的质的升级。

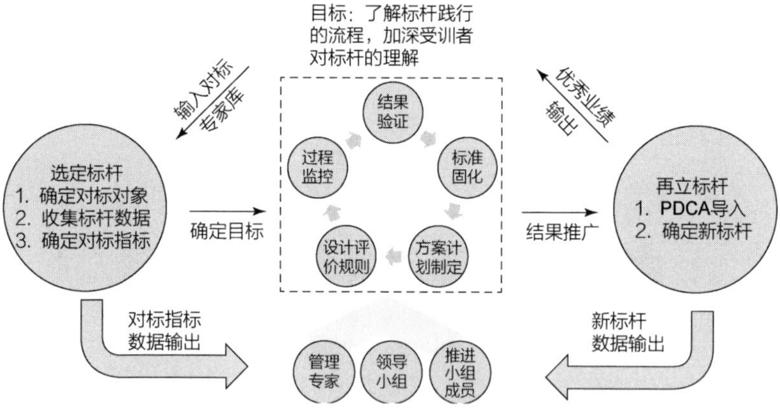

图：吉利的对标管理

（摘自《李书福：守正出奇》）

在汽车制造行业，国际上有一个 RPS（Reference Point System）——定位参考点系统，规定了从开发、制造、检测到批量装车等各个环节所涉及的定位点及公差要求。这套系统可以保证汽车尺寸精度，并降低成本、减少偏差，是各大车企统一采用的行业指标系统。吉利参照这个系统，并逐个指标进行对标学习。吉利的对标学习，始终锚定高绩效、高成长的标杆企业，并且持续进行，而不是一次孤立的学习运动。吉利的对标有两个鲜明的特点。第一，是动态对标。每个发展阶段，吉利都要找到符合那个阶段特点的学习对象，而且逐层细分，从公司到业务到部门甚至到个人，都要对标学习。第二，是勇于立标。吉利鼓励员工不断总结经验，并挑战更高的目标，敢于成为行业的领跑者，以此来鞭策员工持续奔跑，并进而打造公司的核心竞争优势。2022 中国新车质量排行榜中，吉利位列自主品牌的第四位，吉利与沃尔沃合资打造的领克位列第六位。

如今，吉利的标杆文化已经渗透到了各个领域。不仅仅是公司层面，而是要向外对标业界的最佳实践。在吉利内部，标杆学习也蔚然成风。

吉利的工厂和工厂之间盛行对标文化，标杆工厂被选出后，大家都会自觉地去学习交流，没有一个工厂希望持续垫底，每个工厂都铆足了劲希望成为下一次的标杆工厂。吉利的员工之间也会对标，吉利内部有很多从一线成长起来的能工巧匠，他们被吉利授予了很多荣誉，并有资格成立以自己名字命名的大师工作室。员工看到身边的学习榜样，更加坚定了信心，从而涌现出一个又一个工匠、新星。

为了让中国的民族汽车工业能够持续发展壮大，吉利勇担重任，通过向行业输出人才的方式为行业赋能。截至目前，吉利陆续创办了北京吉利学院、三亚学院、浙江汽车职业技术学院、湖南吉利汽车职业技术学院、浙江汽车工程学院等在内的8所学校，累计为社会培养输出人才超过15万人。从向标杆企业学习，到敢为新的标杆，再到勇于承担重任输出社会人才，吉利为中国的民族工业树立了典范。

第 15 章

案例篇：阿里巴巴的
标杆学习之路

阿里巴巴从 1999 年创立，到今天发展为一个市值几千亿美元的互联网巨头，其间也在不断地对标学习，并融合内化进自己的血液，形成了今天阿里巴巴独特的管理特色。这些对标学习的对象，有企业，也有非企业，这就让阿里巴巴的成长更像是一个持续学习、持续进化的典型范本。

标杆一：通用电气（GE）

2000 年左右，后来被誉为“阿里妈妈”的关明生（Savio）从通用电气退休。一次偶然的机会，马云听了关明生的一堂课，深感管理的重要性，并由此和关明生建立链接，经常向其请教管理问题。随着相互了解的深入，关明生于 2001 年秋天加入阿里巴巴。

在这之前，阿里巴巴是一个典型的由师生关系作为纽带组成的创始团队。关明生的加入把通用电气上百年成熟的管理模式带进了阿里巴巴。在关明生的推动下，阿里巴巴正式推出了第一版的企业文化，实现了对愿景、使命、价值观的梳理。同时，对于员工的考核，也从单纯的业绩考核，变成业绩与价值观的双重考核。除此之外，关明生还将培训体系和营销体系等带入了阿里巴巴。

对标学习通用电气，是阿里巴巴在成立早期的重要尝试，并幸而得到关明生这样的资深领导者的亲自转化落地，由此让阿里巴巴从一开始就具备了大企业的底层能力。

标杆二：Supercell

2015年，马云带领阿里巴巴的高管拜访了位于北欧的芬兰游戏公司 Supercell。Supercell 号称是当时世界上最成功的移动游戏公司，由6名资深游戏开发者在2010年创立，旗下拥有《部落冲突》《皇室战争》《海岛奇兵》和《卡通农场》四款超级现象级产品。更神奇的是，这家创造了年税前利润15亿美元的公司只有不到200名员工。

在 Supercell，游戏开发团队被称为“细胞”团队，每个“细胞”团队的核心人员通常只有5人，最多也不会超过7人。除了“细胞”，Supercell 还有“部落”组织，按照产品模块划分，比如：用户、积分、社区、基础组件等。“部落”的功能相当于知名互联网企业经常讲的中台，提供标准化的能力组件。前台的“细胞”团队基于中台提供的能力，快速封装游戏产品，投放市场，快速试错，以快打快。

阿里巴巴后面提出的“大中台，小前台”，正是受益于 Supercell 的启发。正如阿里巴巴前 CEO 张勇所说，把通用的能力打横，好好沉淀如交易、支付、商品、订单、物流等能力。这些“打横”的能力支持多元化、灵活多样的前台业务，能让前台更快速地响应市场变化。“大中台，小前台”的理念至今对中国的企业还有广泛的影响。

标杆三：以色列的诸多高科技企业

2018年，马云带领35名公司高管赴以色列与多家科技企业交流学习。当时还是B2B事业群总裁的戴珊曾说到这次学习背后的动因：为什么只占全球0.2%人口的以色列人拿走了20%的诺贝尔奖，为什么科技贡献GDP超90%，为什么是以色列？我相信以色列有十万个为什么，阿里巴巴会找到同样多的答案。

马云带领团队在耶路撒冷访问JVP（耶路撒冷风投合伙人基金），与多家科技创新企业交流。同时，也访问了著名的自动驾驶及芯片企业Mobileye（后被英特尔以150亿美元收购）。这次标杆学习有着严谨的流程设计。白天交流学习，晚上讨论总结一直到深夜。马云要求：“我们带着问题来，希望大家带着答案回去。”

这次标杆学习对于阿里巴巴在研发领域的投资布局，特别是硬件领域具有重要的影响。同时，创新，包括技术、产品、模式等多维度的创新，引发了阿里巴巴管理层更高的关注度。

当然，在阿里巴巴的发展过程中，除了集团层面，各个事业部层面也都先后有过自己的对标学习，比如阿里云之于AWS，盒马之于全食超市，优酷对标Youtube等。通过对标学习，各事业部不断找到改进和创新的方向。同时，对标学习的对象也在不断变化，因时因势而变。正所谓，兵无常势，水无常形，对标学习也是如此。

第 16 章

案例篇：开市客（COSTCO）为什么被这么多企业学习

大家还记得 2019 年开市客在上海设立大陆首家门店时的“盛况”吗？停车场开业前一天晚上被挤爆，开门 10 分钟限流，20 分钟商场内外挤到交通瘫痪，结账排队 3 小时，茅台、爱马仕统统被抢光……2021 年 12 月其第二家门店落地苏州，开店首日销售额达到 1 000 万元，创中国卖场开店首日销售纪录，日均来客数 19 980 人。会员卡开办首日会员办理就超万人，破了其首日办卡人数的全球纪录。

这就是开市客，美国第二大零售商以及美国最大连锁会员制仓储式量贩超市。作为全球最大的连锁会员制仓储式超市的首创者，开市客以低价、精简的商品和会员制为核心商业模式，曾被称为“沃尔玛的唯一对手”。

我们不妨对比一下开市客和沃尔玛的经营数据，这样大家可能就更容易理解为什么开市客这么受关注：

	营业收入（亿美元）	营业收入增速	利润（亿美元）	净利润率	资产回报率	复合年均增长率（2016—2021年）	员工数（人）	美国门店数（个）
COSTCO（开市客）	1 959.29	17.5%	50.07	2.6%	8.6%	10.5%	288 000	561
WALMART（沃尔玛）	5 727.54	2.4%	136.73	2.4%	5.7%	3.3%	2 300 000	5326

备注：营业收入、利润为截至2021财年的数据

数据来源:《财富》中文网、德勤《2023全球零售力量》、美国零售联合会2022年度“美国零售百强”榜

简单来说，从营收增速、净利润率、资产回报率、单店营收、人均产能等“质量”指标来看，开市客形成了与沃尔玛迥然的差异化发展路径。2022年，沃尔玛排名《财富》500强第1位，开市客第26位。而追溯到2010年，沃尔玛排名依然是第1位，但那个时候的开市客排名仅在第79位。两相比较，也许更容易凸显开市客的与众不同。

很多行业媒体、商学院教授都曾发文研究开市客的成功模式，通常来说，包括如下几条：

（1）低价高质：开市客致力于提供高品质的产品和服务，同时以相对较低的价格销售。通过与供应商的直接合作和批量采购，开市客能够以更低的成本获取产品，并将这些成本优势转化为低价优惠，吸引消费者。开市客公司有内部的明文规定，任何一种商品只挣不高于14%的利润，如果超过14%，要CEO批准才行。

（2）会员制度：开市客实行会员制度，顾客需支付会员费才能享受购物权益。这种模式不仅为开市客提供了稳定的收入来

源，还建立了一种忠诚度较高的会员关系。会员制度让会员感受到特权和附加价值，使他们更倾向于在开市客购物，从而提高了会员忠诚度。2022 年，开市客全球会员客户近 1.2 亿人，付费会员 6 580 万人，会员续费率达 92%。

（3）限制库存和精选产品：开市客采用限制库存的策略，精心挑选热门和高质量的产品。沃尔玛的 SKU（最小存货单位）数量超过几十万种，而开市客只精选 3 700 个 SKU，所有上架的商品必须经过层层审核，每类产品只有 1~3 个品牌。这样可以保持商品的新鲜度和独特性，同时避免了庞大的库存和过时商品的问题。顾客知道他们在开市客能够找到有限但高品质的选择，这也增加了他们对开市客的忠诚度。同时，开市客大力发展自有品牌，如 Kirkland Signature。这些自有品牌产品以高品质和相对较低的价格在市场上具有相当的竞争优势。

（4）卓越的客户体验：开市客注重提供卓越的客户体验，包括宽敞整洁的店面环境、友好和高效的员工服务以及灵活的退换货政策。开市客关注顾客的需求，努力为顾客提供愉悦和无压力的购物体验，这也是会员对开市客忠诚的重要原因之一。除了购物，开市客还为会员提供加油、轮胎维修、药店、诊所、照片冲洗、保险等多种服务，使会员可以直接享受非常多的“跨界”权益。

（5）高效的供应链管理：开市客拥有高效的供应链管理系统，使其能够实现快速进货和及时补货。这有助于确保货架始终有货，减少缺货情况，提高顾客的购物满意度。开市客通过高效的运营模式实现了成本控制和利润最大化。他们采用精简的运营结构、高效的仓储和物流系统，以及优化的流程管理，降低了运营成本并提高了效率。据研究，开市客的存货周转率是 11.5 次左右，而高周转的鼻祖沃尔玛约为 8.5 次左右。

（6）企业文化：开市客注重员工的培训和福利，营造了积极向上的企业文化。员工的高度参与和奉献感使其更愿意为顾客提供优质的服务和购物体验。开市客坚持富有诚信、道德和社会责任的价值观，积极参与社区活动和慈善事业。这种积极的企业公民形象增强了消费者对开市客的信任和忠诚度。

（7）持续的创新和变革：开市客不断寻求创新和变革，以适应不断变化的市场需求和顾客偏好。他们持续推出新产品，不断改进购物体验和会员制度，以保持竞争力。

很多企业都曾公开表示在向开市客学习。比如，在美国，开市客曾被亚马逊创始人杰夫·贝索斯称为“最值得学习的零售商”。亚马逊在建立会员制度（亚马逊 PRIME 会员）和提供高质量产品方面向开市客学习，大有收获。

在国内，向开市客学习的企业就更多了。比如：

京东和阿里巴巴，无论是京东 Plus 会员，还是淘宝的 88VIP，背后都有开市客会员制的影子，从靠海量货品 SKU 的供给量的 PK，到价格战、性价比的 PK，最后都不约而同地走向了以客户忠诚计划为核心的会员制。盒马鲜生的侯毅，也曾公开对标开市客，提出盒马的 X 会员要超越开市客。

开市客另一个知名的学习者是国货之光——小米。雷军曾多次表达对开市客的敬仰，说开市客带给他的震撼“无法用言语表达”。打造极致性价比，小米手机硬件综合利润率不超过 5%，背后有着开市客单品利润率不超过 14% 的影子。小米有限 SKU 打造爆款的逻辑，和开市客每个品类严控品牌数量也非常神似。小米引以为傲的“米粉”文化，承担的是客群黏合剂的作用，也是会员为中心的互联网生态的基本盘。另外，小米的供应链管理追求高效周转和精细化运营，和开市客的理念也极其相似。这些特点被雷军称为极致的互联网思维，也贯穿到了小米经营的方方面面。

还有一家很受关注的企业——名创优品，也是向开市客学习的典型。名创优品创始人叶国富曾说："在我看来，做零售一定要学习两个企业，一个是苹果，一个就是开市客。前者把一个桌子都摆不满的产品卖到全世界，成为全球最赚钱的公司之一，后者用 8% 的毛利、3 000 个 SKU、1.3 万美元的坪效，把沃尔玛打得落花流水。高品质、高颜值、高效率，低成本、低毛利、低价格的'三高三低'原则，是我从开市客身上学到的经营理念。"

第 17 章

案例篇：从淘宝大学透视中国企业的标杆学习

作为阿里巴巴淘宝大学和支付宝大学的核心成员，笔者曾于2016—2021年这五年期间深度见证了这个中国最大的商业生态体系的发展历程，以及各行业的企业、商家的成长蜕变。淘宝大学、支付宝大学负责向外输出阿里巴巴的标杆实践，也通过生态赋能方法论体系来不断总结、提炼、传播各个行业的标杆实践。在这个过程中，我们接触了来自不同行业、不同企业类型、不同规模、不同成长阶段的企业，从服务他们的标杆学习项目中对中国商业社会有了更深层次的理解。

一、按电商业务成熟度划分

（1）电商业务占到公司业务体量1/3甚至更多的企业。对于这些企业，电商业务不是增量，而是业务的支柱。他们来阿里巴巴做标杆学习，第一，要学习阿里巴巴生态的产品、政策、规则，要理解电商生态的思考逻辑，目的是要做到思路同频，不仅仅在业务运营上，也包括管理思路。第二，要学习各行业标杆实践。电商工作无非就是运营、推广、美工、客服这几样，但是，行业内的玩法层出不穷，跨行业的玩法更是让人眼花缭乱。一天不学习，就有可能被对手甩到身后。这些企业往往已经是垂直行业的头部企业，它们对于标杆学习的热切程度往往也是最高的。越是头部企业越谦虚，在商业社会中真的是普遍真理。

（2）电商占比还不高但是增速比较快或被寄予较高期望的企业。这些企业往往交过很多“学费”。比如，起步期多数都用过电商代运营公司，但是自己接手后业务停滞甚至下滑。比如，盲目依赖单一推广手段，导致推广 ROI 不断下滑而找不到解决出路。这些企业的前进方向很明确，但是路径却充满迷雾。对于这类企业，既要赋能，还要赋信。赋能，给的是经营的能力。而赋信，则是通过标杆学习给企业以信心。这类企业非常多，也是最典型的一类标杆学习的参与企业。

（3）还未开始电商业务的企业。从 1999 年电商元年开始，到 2023 年的今天，中国依然有非常多的企业还未“触电”（开展电商业务）。这是一个客观现实，它由中国市场的广度和梯度决定。比如，很多处于产业带的商家、面向海外做贴牌的厂商、农副食品类企业、资源型企业等都属于这类企业。这些企业来阿里巴巴做标杆学习，一是寻找转型的思路，二是寻找新增长的可能性。

这种划分，是站在阿里巴巴作为电商生态基建体系的搭建者的视角来看的，是以电商业务成熟度来看的。这种视角，对目前很多行业头部企业来说是非常有借鉴价值的。因为标杆学习的两端，一段是向标杆学习，取长补短，另一端则是生态赋能，输出方法论，输出影响力。

我们在淘宝大学、支付宝大学的时候，曾帮助不少垂直行业的头部企业做它们自己的生态赋能体系设计。我们也常常会帮它们做这样的“环路设计”：

（1）对已经建立与企业合作关系的合作伙伴，赋能它，让它做得更大、更好；

（2）对潜在的可能与企业建立合作关系的对象，通过赋能来实现招商合作的目的；

（3）对广泛的行业客户及行业从业者，通过赋能来输出影响力，做行业品牌。

二、按企业类型划分

1. 民营企业

在阿里巴巴，笔者接触最多的就是民营企业，少说也有上百家。笔者对中国的民营企业和民营企业家，真的是发自内心地尊敬。很多来访的民营企业已经是垂直行业的头部企业，年营收过百亿元的比比皆是，但是他们仍时刻保持谦虚，对来阿里巴巴做标杆学习非常重视。常常是创始人、董事长带队，高管全员参加。核心高管层学习完，还会让核心骨干分几批来轮训，他们真的是发自内心地重视学习。

其中让笔者印象很深的有两位，分别是波司登的董事长高德康和红蜻蜓的董事长钱金波。他们带队来阿里巴巴做标杆学习，白天学习已经很紧凑、很辛苦了，但是晚上还是会立刻组织高管团队进行研讨，并形成具体的行动计划，基本都要到凌晨一两点。第二天，还会带着具体的问题和阿里巴巴的专家进一步讨论。态度严谨、务实，而且具有极强的行动力。他们作为创始人一代，还能有如此虚怀若谷的学习精神，实在是值得我们学习。

有一次，一位民营企业家跟笔者聊天时曾感慨地说道：“竞争太激烈了，留给我们的时间太少了。真的是被市场竞争推着往前走，不进则退。”这是民营企业处境的真实写照。

2. 外资企业

外企企业这几年来阿里巴巴做标杆学习的越来越多，其中很多都是大家耳熟能详的全球知名企业。比如星巴克、宝洁等老牌500强企业，它们的中国区业务已经领跑全球，而中国区业务的增长引擎显然都和数字化有关。

外资企业的标杆学习，可以细分为两大类：一类是外资企业中国团队的标杆学习。因为它们往往已经是垂直行业的领先企业，所以它们的标杆学习往往聚焦于行业趋势洞察、数字化经营、跨行业创新等。另一类，则是外资企业的全球团队。没错，让全球管理团队（Global Management Team）来学习中国的最佳实践。在中国区业务的崛起过程中，很多时候全球管理团队对中国区的了解、支持并没有跟上。所以，通过标杆学习，让中国区和全球管理团队间达成新的战略共识，变成了一个核心目的。

在接触这些外资企业的过程中，我有很深的感触。我们不能因为我们在某个领域的暂时领先，就“轻视”这些外企。他们本身的管理成熟度、技术厚度都是值得我们学习的。标杆学习中，没有绝对的“老师”和“学生”，我们只有不断从对方身上看到亮点，才可能取得持续的进步。

3. 国有企业

在支付宝大学的时候，笔者接触了很多国有企业，经常和他们交流数字化转型和数字化经营的话题。过去，很多人对国有企业多少有点“误解”，比如体制僵化、活力不足等，这些显然和今天国有企业真实的情况有很大出入。今天，国有企业高度关注“高质量发展”和“降本增效”。这两项议题，迫切需要国企的管理层具备创造性地整合资源以及解决问题的能力。

国有企业来阿里巴巴做标杆学习，常常有几类目的：一，开拓视野，让管理层不断接收市场化的输入，提升经营意识；二，围绕存量资源做盘活，比如对于已有的庞大的用户资源，如何在新场景、新业务下实现新增长；三，围绕数字化做业务经营和团队管理的提效，让组织变快、变轻、变敏捷。

今天，国有企业不断地放权给一线。从总部到省公司，从省公司到市公司，再到区县，再到一线网点，经营决策权不断下沉，经营活力也在不断增长。通过与国有企业的交流，我们也不断丰富了对国有企业转型的新认知。

三、按企业规模划分

1. 成长期企业

按逻辑完整性，似乎应该从创业期的企业开始讲起。但在实际工作中，很少有创业期的企业进行标杆学习。原因可能也不难理解，对于创业期的企业，最重要的是模式验证，是活下来，是心无旁骛地往前冲。

专门花时间进行标杆学习的常常是成长期的企业。这类企业的业务模式已经比较清晰，但是需要寻找加速度。成长期的企业有各种各样的问题，业务问题、管理问题、财务问题、人事问题等等。其中最核心的，一定还是业务问题。通过标杆学习找到解决业务问题的办法，是企业这个阶段的主命题。

2. 成熟期企业

成熟期的企业未必是垂直行业的头部企业，但通常有以下几个主要特征：（1）成立时间较长，是行业内的“老玩家”；（2）业务发展稳定，增速趋缓，但是利润率有下降趋势；（3）团队相对稳定，没有大规模的人员流动。

成熟期的企业常常希望通过标杆学习这个外力来“刺激”团队的成长。我们都听过“外来的和尚好念经”这句老话，其实，这里面还有另外一层用意，那就是创始人或一把手，通过标杆学习的场域，借“外人”的嘴巴来实现推动战略共识的管理意图。

所以，成熟期企业来标杆学习，一要问学什么；二要问谁发起的；三要问这个阶段公司的战略命题。这三个问题问清楚了，才可能真正帮到这家成熟期的企业。

3. 转型期企业

转型期的企业常常遇到的问题包括：一，原有产业赛道的格局变化，如新技术、全球化、跨界交叉带来的影响；二，企业自身的发展遇到瓶颈，如技术老化，商业模式陈旧等；三，一代和二代之间的交接班带来的业务模式问题、管理风格问题等。

转型期企业的标杆学习，常常由一把手主导，因为转型本身是个核心战略问题，而不是一个战术问题。转型期企业的标杆学习常常不止对标一家企业，而是对标多家企业，既包括本行业的企业，也包括跨行业的企业。由对标学习激荡内部的思考，引发业务变革和组织变革，常常是这个阶段企业的核心诉求。与标杆企业的创始人交流，特别是深度、小范围的交流，就是其中一个典型的学习设计。

四、按企业所在地域划分

这种划分方法没法做得特别精确，但是可以大致反映出一些典型的问题。

（1）经济发达区域（如珠三角、江浙沪、京津冀等）的企业可被笼统地称为“东部地区的企业”。这些地域的企业因为整体市场化程度较好，接触新的商业模式也较为充分，所以，它们对标杆学习的接受度、参与度是最高的。越是领先的企业，越重视学习投资，这个结论一再被印证。

东部地区的企业特别关注趋势性洞察以及跨行业的商业实践。对这些企业来说，寻找新的机会甚至比寻找更好的解法还重要。

（2）除了东部地区之外的中西部地区的企业。当然，我们可以进一步区分，如中部、西部，北方、南方等，但其意义不是太大。对中西部地区的企业，普遍有几个题要破：一，对于数字经济，从有感觉到达成共识，再到行动，要更快地落到实处；二，对于新经济和新模式，要强化从知到行的体系机制设计，特别是业务授权和组织保障；三，在业务下沉的大趋势下，要更关注一线的灵活探索，要让一线有更多的自主发挥空间。

中西部地区的企业，无论从标杆学习的绝对数量，还是标杆学习的目的精准度，标杆学习项目设计的严谨程度，与东部企业都存在着相当大的差距。好在前方并非没有可供学习借鉴的对象，相信追赶也只是时间问题。

（3）海外企业。随着中国经济的飞速发展，中国已成为诸多海外企业的标杆学习对象。海外企业大致分为几类：一，已在中国开展本地化业务的全球性外企，通过学习中国本地的标杆实践，特别在数字经济领域，向海外其他地区进行经验输出；二，拟进入中国的海外企业或全球化企业，通过标杆学习发现中国的市场计划，提前为进入中国市场摸底探路；三，东南亚、拉美等发展中国家的企业，通过参考借鉴中国企业的发展模式，将“中国模式”带回自己所在的国家，实现“降维”竞争。

过去，一提到标杆学习，我们总会觉得是中国企业走出去向海外学习。今天，随着中国企业的发展崛起，越来越多的海外企业开始向中国学习。这是中国企业共同努力的结果。我们赢得了全球企业的尊敬。在未来，相信会有越来越多的海外企业来到中国，学习“中国经验”。

第 18 章

讲稿篇：从标杆学习中，我们如何举一反三

笔者一直深入中国企业数字化赋能的一线，也经常被商学院邀请去给企业家分享数字化的主题。在分享中，笔者经常讲到好未来和贝壳的案例，帮助企业家们做标杆学习，同时带着大家做举一反三的思考。这个过程，和我们前面阐述的标杆学习方法论遥相呼应，可以帮大家进一步去深化理解。以下，是授课过程的节选：

好未来（原学而思）作为 K12 行业曾经的行业霸主，在双减之前，市值最高曾达到 500 多亿美元，并遥遥领先于第二名新东方。在好未来、新东方之前，绝大多数人都认为 K12 课外辅导就是个小生意，只需一个老师和一个教室就能搞起来，不可能做成大产业。但是，好未来、新东方的出现让这个不可能的事情发生了。那么，我们从商业的角度分析一下，好未来究竟做对了什么呢?

这里面，我们先插播一个小故事。

好未来 2003 年由张邦鑫创立。因为张邦鑫和初期老师的认真负责，包括在线上奥数网的积累，业务发展很快。但是 2006 年，在创立三年后，就遭遇了一次“灭顶之灾”。当时好未来最

厉害的两位老师，一位叫牛老师，一位叫马老师（都是真实姓名，不是杜撰）。他们看到好未来的业务发展很好，赚钱很多，就萌生了单干的想法。于是，两位老师出走，带走了当时好未来中超过三分之一的学生。台柱子倒了，好未来的业务受到了沉重的打击。

在一般的教辅机构中，老师约等于一切。有小学数学老师，就开小学数学的班。讲什么，怎么讲，也是老师来定。这也就意味着，教学机构的业绩取决于老师个人的发挥。这种情况下，当然机构会被名师牵着鼻子走。当时，整个中国教培行业几乎都是名师逻辑。有名师就能招到学生，就能赚到钱。所以，机构千方百计挖名师，但是名师又不甘心只拿利益的小部分，不断跟机构讨价还价，谈不拢就出走，成立另一个小机构，然后又重新下一轮的循环。名师做机构，通常火一两年，然后就消沉，都做不大，做全国连锁更不可能，这成了这个行业的普遍规律。

好未来如果也走名师的路子，也做不大，因为前面已经有过验证，此路不通。想做大，想做强，怎么办？如果一端不通，就试试另一端，别管别人觉得靠不靠谱，试了才知道。好未来提出了一个大胆“狂妄”的假设：是否可以批量培养优秀的老师呢？名师可能是 90 分，但是名师可遇不可求。如果我们能批量生产 80 分的老师，教学效果基本也可以达到。更重要的是，保证了业务的标准化和可复制性。是否有可能建造一种机制，打造优秀老师的生产流水线呢？

好未来接下来的做法，其实说穿了也不复杂，就是把集中在名师身上的能力拆开，变成一系列可控的能力包。能力不集中了，就可以各个击破，不依赖于个体。同时，因为能力分开，可以不断精雕细刻每一个能力细分项。

首先，是教研的分离。老师一个人的精力毕竟是有限的，你让他又教学，又批改作业，又研究考纲、历年真题，再出卷子，是不可能都做好的，至少不可能做到极致。好未来怎么办的呢？它在北京建立了几百人（后来发展至上千人）的集中教研团队。一群人，分科目，分年级，集中且持续地研究考纲、真题、各类教辅资料，并结合一线的经验，不断研发、迭代教学内容。由此实现了教研的统一，也就是教学内容的标准化。老师不需要操心讲什么的问题，只要做好教学就好了。

接下来，是教学的分离。一个老师的教学状态很有可能是有起伏的。因为老师也是人，也有开心、不开心的时候。所以，把机构的教学交付质量绑定在老师身上，本身就是有风险的。那怎么办呢？做教学过程的标准化。好未来在业内最早推出了 ICS，也就是电子互动教学白板，是中国教培行业第一个数字化的硬件解决方案。它把课件数字化，并内置到教学系统，老师在课程中每个时间段讲什么，怎么讲，如游戏、提问、实验、例题等，都已经设定好程序，老师更像是教学演绎者，现场问题的辅导者。这样，正常情况下，老师的教学交付质量就可以保持在一个比较高的水平。

第三，就是学科的分离。当有了强大的集中教研能力和数字化支撑的教学交付能力，学科分离就是一个相对容易的事了。从一个统一班型，到入门、基础、提高、尖子班，这背后其实是中台能力的体现。从数学，到物理、化学这样的理科，再拓展到语文、英语，看似跨度不小，其实也需要中台能力做支撑。另一个值得注意的是，以前的好未来，其线下的好未来培优、智康一对一和线上的好未来网校是不同的事业部，业务是相互分离的。但是，毕竟优质的北大、清华背景的老师资源，普遍集中在北上广深等一线城市，这对于拓展二、三线城市的市场是不利的。怎么解决北大、清华老师资源分布不均的问题，同时解决地域教学水平不一致的问题呢？“双师”模式被验证是一种可能的解法。北大、清华老师坐镇北京，外地学生收看直播，同时班级里配了辅导老师（非北大、清华或985名校），由辅导老师来处理解答学员的疑问。这样既让学员学到了顶尖名师的内容，也解决了个性化答疑的问题。“双师”是学科教学的一种新的形态。

好未来在发展过程中，把过去教培行业极度依赖名师变成了真正的产业化分工，也就是教培行业经常讲的“四驾马车”：

第一个，叫学科。笼统地讲，就是教学产品。比如，小学四年级数学班。如果再细分，还可分为小学四年级数学基础班、提高班、串讲班、精讲班、答疑班等等，这都是产品形态。第二个，叫教学。教学要解决两个问题，一个是老师的来源，也就是老师的选聘。另一个是老师的培养，要把老师上课的基本功培养起来。第三个，叫教研。国家有各个科目的教学指导大纲，各地也有各地的教材，但是转化成辅导机构的教学内容，还是需要做研发工作的。老师之间的差异不但在于教学手法，也包括教学内容。第四个，叫教务。也就是教学交付，涉及网点服务、班级管理、排班、报名、答疑等，这个不多展开。核心是前三个，学科、教学、教研。这是教辅行业业务价值链的核心三要素。

当然，为了支撑这个产业化分工，好未来在数字化上做了大量的投入。比如教研系统、教学系统、教务系统、学生端、家长端、管理端等等，没有数字化能力支撑，就断然无法支撑好未来每年数百万级的学生数量。好未来的技术开发岗位在高峰时曾过万人。这已经不折不扣地是一个大型互联网科技公司的人员配置。

好未来在双减前商业上的成功，总结一下就是两句话：

（1）把名师的单点能力粉碎，变成一系列组织可控的能力；

（2）通过数字化能力，固化、优化这一系列能力，变成依赖数字化，而不是依赖人。

好未来的案例讲完了，我们再来看看贝壳的案例，你会发现，这两个案例居然惊人地相似。

做房产中介的人都知道，房源是非常重要的。掌握一个好房源，绝对不能让别人知道，要偷偷摸摸地找买主，出一个好价钱。以前的中介公司也知道这个问题，出了一系列政策都没用。其衍生出来的虚假房源问题已经成为社会毒瘤，逼得政府也出文禁止发布虚假房源。

但是这个东西是禁不住的，因为这是人性。如果你是一个中介小哥，好不容易找到一个好房源，出手就能挣 2 万元，你愿意把房源发布出去吗？当然不愿意！所以当时的套路就是发布一个同小区不同楼的虚假信息，通过电话沟通、邀约等步骤逐渐锁定客户，觉得客户意向强时，卖房小哥就用一整套的说辞推脱，比如说虚假房源的钥匙不在、房主没联系上，等等，然后告诉你："这边还有一个类似的，要不您去看那套？"所以虚假房源的根源在哪里？在利益，在人性！

房产中介里的明星经纪人常常是那种能搞到好房源，而且能八面玲珑地把整个房产交易流程都搞定的人。这种人也是这个行业里的稀缺资源。

贝壳过往的经营曾严重依赖明星经纪人。明星经纪人给门店带来了多数的业绩，也就是常见的 28 法则效应。明星经纪人做得越好越容易摆架子，如果不爽了，就可能自己走个私单让公司赚不到钱，或者跳槽到其他的房产中介甚至自立门户。其实，和好未来面临的名师威胁机构的情况一模一样。

这个题怎么破？方法也是类似的——拆！拆能力要素。

房产是怎么成交的？如果把卖房的流程拆开可以发现，房源端的工作包括：找房源、维护房源、房源勘探、委托、获得钥匙。客源端的工作包括：找客源、房源客源匹配、促成交、金融服务等。那么这些环节能不能分到不同的人身上，然后让每个环节做得更好？答案是有可能。

贝壳据此设计了一套机制，也就是大名鼎鼎的 ACN（Agent Cooperation Network，经纪人合作网络）。它把房产交易的过程细分到最小的环节，细到每个环节只能由一个人做。这样一套房子的成交就可以有很多人进来一起参与，大家各自做各自擅长的部分，效果当然要比一个人从头忙到尾要强。

接下来，怎么分钱？这是个敏感话题。

贝壳定了一套规矩，基本游戏规则就是房源工作和客源工作各分 50% 的酬劳，各个细分环节按照技术含量和重要程度确定一个比例。如果你一个人包干了，那所有酬劳都是你的，如果你只负责其中一个环节，那么成交之后，你就能拿到你负责的那部分的酬劳。

假设，扣除各项费用，这一单净赚 1 万元，那么利益分配如下：

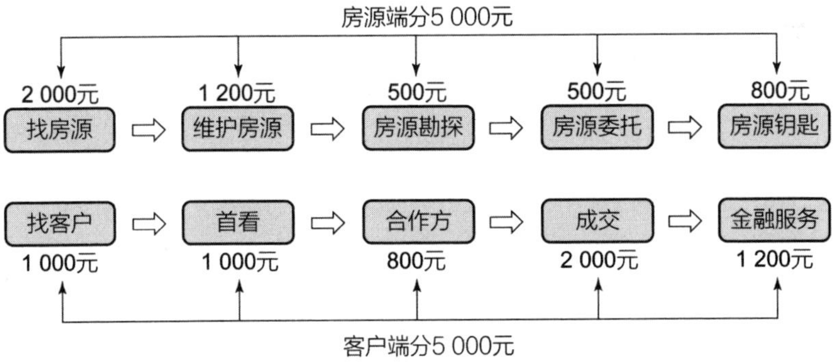

游戏规则定了就能执行吗？怎么能让各自的功劳被看见、被记录，不会扯皮呢？

贝壳从 2010 年开始，连续多年在 IT 系统上进行巨额投入，从“楼盘词典”开始解决真房源的问题。然后用数字化手段跟踪每个经纪人在ACN网络上的贡献，让每一笔交易带来的收益都能公开、公正地分到每个人头上。

ACN的核心逻辑——拆流程、分利益、数字化可跟踪这个核心逻辑设定好之后，形成了对全行业的影响力！因为这套模式可以突破公司的边界，每个环节都可以由不同公司的不同经纪人来完成。最后，这件事从贝壳自己干变成了全行业一起干。贝壳把ACN的规则制定好之后，以链家、德佑为核心，到各地去召集当地中介公司一起协作。原来的竞争对手在新的游戏规则下变成了同盟、合作伙伴。ACN消灭了恶性竞争，建立了行业级别的合作共赢，既利于客户，也利于中介本身，其对房地产行业的影响不亚于福特流水线对汽车行业的影响。

从以上两个案例中，你学到了什么？标杆学习，有的人听到的是故事，有的人学到的是规律，有的人则把这些串联起来，糅合进了自己的行业领域。

第三部分

生态赋能：标杆企业的对外输出

第 19 章

中国标杆企业的行业生态赋能案例

中国有一部分标杆企业已经开始了生态赋能输出的探索，其中有些还取得了不错的经济效益和社会效益。我们挑一些典型企业做个速览：

一、阿里巴巴

阿里巴巴是一个典型的平台型企业，旗下的淘宝、天猫、1688、Alibaba.com 等都围绕买家、卖家做生态发展和生态经营，生态赋能本身就是其业务发展的一部分。

淘宝教育（原“淘宝大学”）从 2006 年开始做生态赋能，围绕商家做分层、分级、分行业研究，针对性输出商家电商经营的方法论，并融合了公开课、内训、线上课等多种业务形态，巅峰时期年营收近 10 亿元，已然成为一个体量可观的业务板块。

阿里云培训中心（原“阿里云大学”）与淘宝大学偏经营赋能输出的定位不同，更多是围绕阿里云的生态做技术和解决方案的输出。包括技术认证、企业培训、高校校企合作、线上学习平台等。随着企业数字化转型的深入，企业对技术背后的经营落地也更加关注，阿里云培训中心也开始对经营领域的赋能加大了侧重。

除了淘宝教育、阿里云培训中心，湖畔创研中心（原“湖畔大学”）也可以视作阿里巴巴做生态赋能输出的一个窗口。从经营到技术，再到管理理念，阿里巴巴通过生态赋能全方位提升了对企业客户的影响力，也在无形中助推了自身的业务发展。

二、腾讯

青腾（TencentX）脱胎于“腾讯大学”，是腾讯做生态赋能的窗口，其下设产业学堂、科技学堂和文创学堂三个组成部分，面向不同领域的企业客户做赋能输出。在赋能过程中，腾讯一方面调动了内部的很多专家、高管资源，也跨界与北京大学光华管理学院、清华大学经济管理学院、长江商学院等高校联手，提升了赋能的品质和深度。

腾讯的生态赋能与阿里巴巴类似，也在不断围绕业务发展做紧密耦合。比如在新能源汽车领域，腾讯出行学院就是腾讯智慧出行业务单元与腾讯大学联手打造的生态赋能组织。其通过持续输出汽车互联网领域的洞察，设计不同的工作坊或培训项目等，实现腾讯与汽车厂商的持续深度互动。

三、华为

华为从ICT起家，目前辐射的范围已经涉及为企业及个人服务的各个领域。华为全球培训中心是华为生态赋能的主阵地。目前，华为的生态赋能主要包括技术认证、院校合作和企业培训三个方面。

技术认证包括了职业认证、专业认证、1+X认证等，覆盖了ICT的全领域。院校合作以华为ICT学院为依托，面向全球的高校推动校企合作。除了课程，华为还提供了一整套校企合作解决方案。企业培训则侧重在行业数字化转型、领导力发展以及ICT技术培训等方面。

华为对生态赋能的投入和影响力，已经成为华为在新时期的一张名片。

四、方太

方太在家电领域是一家很独特的公司。其在业务持续发展的同时，在文化建设上也不遗余力，而且还把文化的输出做成了一套系统化的体系。

方太文化研究院是一个专门负责方太面向外部（不仅局限于生态合作伙伴）企业家、管理者赋能的平台。提供的赋能产品包括方太文化体验营、文化修炼营、文化践行营等，同时，也为企业提供入企的内训和辅导。方太所倡导的国学文化，包括方太提出的“五个一”（立一个志，读一本经，改一个过，行一次孝，日行一善）也深深影响了很多企业。

第 20 章

标杆企业的能力提炼与输出

标杆企业的成功并非一日之功。不积跬步，无以至千里。只有积小胜才能真正积大胜。企业的成功，抛开宏观的经营理念、管理理念，其实就是企业发展过程中一个又一个的最佳实践案例的累积。只有把过往发生的最佳实践研究清楚，学习明白，才有可能从胜利走向胜利。

我们在辅导很多行业的头部企业设计生态赋能的体系架构时，最佳实践的案例往往是我们关注的重点。因为这些最佳实践案例就像一颗颗珍珠，将它们串在一起并予以结构化、模型化提炼，标杆企业的独到之处往往也就呼之欲出了。接下来，我们以最佳实践案例为中心，和大家讲讲如何做标杆企业的能力提炼，并有效输出。

一、标杆企业的最佳实践案例挖掘

到标杆企业来学习，无论是学战略、学管理、学业务还是学组织，最打动人心的部分常常都在一个个鲜活的企业案例中。标杆企业向外做能力输出，总结提炼自己的案例常常是第一步。在这里，我想和大家先提一个观点：最佳实践案例未必一定是看上去“成功”的案例。因为“成功”与否，放在不同的时间点看，可能结论未必相同。最佳实践案例一定是带给企业重大意义的案例，太多企业的成功都是从一次次“不那么成功”的实践中走过来的。所以，实践所带给企业的意义比业绩数字上的成功更重要。

企业要挖掘整理最佳实践案例，初期可以借助外部顾问、老师的力量，后期则必须要学会自己做。挖掘案例要避免几个错误的想法：

（1）案例一定要是完整的大案例，文字整理出来要几十页那种的。这种想法完全没必要！真的，那种大案例也许适合商学院的教学（实际也未必），但在企业标杆学习里面能应用的场景几乎没有。企业其实需要大量小而美的案例。关于某个话题、某个场景的具体操作常常就足够了。

（2）案例开发一定是专业团队进行的系统开发。不一定。我们的经验是，案例开发完全可以利用 OGC（机构生产内容）、PGC（专家生产内容）和 UGC（用户生产内容）三者结合来做。UGC 解决广泛参与、广泛输入的问题；PGC 解决深度、视角的问题；OGC 适用于定点爆破一些专题专项及重要、棘手的案例。

（3）案例开发只能靠案例大赛等活动来推动。这种想法也是片面的。案例开发，用活动、项目推动当然不错。但是，不能把“阵地型”的工作和“运动型”的工作混为一谈。案例大赛一次收上来几百份案例当然不错，但是问题是，我们消化得了吗？有多少案例又会成为一堆落满灰尘的纸张呢？最佳实践的案例开发要常态化，要内化成管理行动，持续进行。

（4）案例开发约等于成功事迹的述职或表彰。千万不要！案例开发，当然要考虑公司内部的管理因素，但是也要很大程度上站在第三方的中立视角，否则，案例开发就很容易被“当枪使”，误人误己。公司历史上经历的一些重要历史教训，其实也是好的案例开发方向，当然，要提前和管理层达成共识为佳。

案例开发是个技术活，但影响其结果更重要的因素是机制。最典型的，案例选题怎么解决入口的问题？谁来评判？案例开发是中心化地做，还是去中心化地做？案例评审谁来评？案例应用是开发和使用分离，还是用使用场景倒逼开发计划？这些都要系统规划。

关于最佳实践的案例开发，有一些主题是大家普遍关注的。在这里罗列一些，给大家做个参考：

1. 历史类

公司创业故事、创始人故事；公司重要历史节点复盘，比如第一个海外客户、第一个千万大单，第一次收到客户投诉，第一次投资并购等。

2. 从胜利走向胜利类

从胜利走向胜利，是绝大多数企业喜闻乐见的一个案例话题。比如，如今我们奠定了行业老大的位置，那之前我们如何从地方企业走向全省布局，到区域布局，到全国布局；如何从不知名到行业前十，到前三，到成为第一。每一个关键节点，都构成了下一轮上升的基石。这些关键点的实践都是好的案例源头。

3. 失败类

虽然考虑到可能造成负面影响，失败类案例似乎不适合拿出来讲，但是失败类的案例确实是好的案例源头。其实五年、十年前的失败案例基本已成定论，是可以拿出来讨论的。比如，很多跨国出海的企业，其首战或前三战失利是很正常的。将其拿出来做案例研究，可以避免重走很多弯路。从失败走向成功，用失败做成功的注脚，这也是真实商业的一部分。

4. 客户类

一家企业的价值体现，落脚点一定在客户上。从某个典型客户的需求、痛点、场景出发，提供产品、服务的解决方案，最后帮助客户解决棘手问题，这类以客户为中心的案例，永远不嫌多，永远不过时。

5. 技术攻关类

对于一家靠技术驱动的企业，技术创新、技术攻关是特别能激动人心、鼓舞士气、振奋自豪感的话题。形成案例时，建议将技术攻关与产品、客户等做有机关联，这样案例才有血有肉，把抽象价值具象化，而不是干巴巴的技术报告。

6. 市场营销类

市场营销类题材是非常丰富的案例话题领域。一次成功的市场活动，一个关键客户的拿单，都可以变成一个激动人心的案例。构建市场营销案例要跳出单纯对结果的歌功颂德，要围绕业务策略做深度挖掘，这样才更具现实指导意义。

7. 业务价值链

前面提到的案例话题还是比较偏点状。其实，如果企业构建自己的案例中心和案例研发体系，底层工作应该是对企业业务价值链的充分梳理和充分解构。这样可以扫描出非常多的案例选题领域，也更有机会通过案例体系形成企业整体的组织能力体系。

选题是指挥棒，接下来所有的工作都会围绕这个指挥棒进行落地、实施。

其实，标杆企业敞开大门让其他企业来做标杆学习，一定是能力外溢的结果。这句话的潜台词是，一定是要把企业内部的经验沉淀好，先服务于内部，然后从中择取适合对外输出的部分。所以，标杆企业的最佳实践案例挖掘，一定是既能服务于内部提升，也适用于对外输出，双赢是最好的结果。

二、把最佳实践案例有形化

最佳实践案例必须有形化整理出来，才能在此基础上进一步加工、输出。很多企业把案例提炼“妖魔化”了，觉得不找外面的写手、编辑、顾问就搞不定。其实，只要把握好案例的几个关键要素，最佳实践案例的整理呈现并不复杂。基于 SCQA 的模型基础，我们演化出了企业最佳实践案例呈现的 BSCQA 模型，非常实用、方便。

B（background）——公司当时的“大背景”。没有背景，就没办法展开一个案例。比如，一个事是发生在企业高速发展的背景下，还是发生在业务停滞的背景下；是发生在渠道转型的背景下，还是发生在数字化变革的背景下；是发生在刚刚更换核心领导团队的背景下，还是发生在刚刚筹建异地分公司的背景下，这些背景决定了当时的战略影响要素。

S（situation）——场景引入。场景通常分为两大类——业务场景和组织管理场景。场景常常由一件事引发，比如一个空降兵的任命、一个重点客户的投诉电话、一次人才盘点会议上的争吵、一次工厂的重大事故、一次消费者的表扬信、一次管理会上的僵持不下等。通过场景，带着听众进入案例话题要引出的细节。

C（complication）——场景下的问题、挑战、冲突是什么。没有人喜欢听一个平铺直叙的案例故事，大家都喜欢波澜起伏，这背后就是问题、挑战、冲突。比如，客户要求的按期交货，和目前工厂的设备故障、工人高流失率、原材料物流延期等之间就存在冲突和矛盾。再比如，在大客户业务的攻坚阶段，业务骨干不断被竞争对手挖角、市场负面舆论突起等就构成了冲突和矛盾。矛盾越尖锐，越有代表性，越能激发大家的探索欲。这里面，可以通过一些人物的对话、表情、内心独白、动作等，让案例读起来更有血有肉，有很强的画面感。

Q（question）——如何分析场景，如何形成策略。在冲突和矛盾下，常常不同的人会有不同的反应和处理问题的方式。人们往往视角各异：比如稳健的视角，激进的视角，从风险控制的视角，从业务增长的视角，从当下的视角，从未来的视角，从客户的视角，从公司自身的视角，等等。视角和方式没有绝对的对错，但是观点之间的交锋往往掺杂着很多因素，这些都是企业中的真实常态，也是很打动读者、听众的地方。从观点的交锋到最后结论的形成，往往折射了一家企业的管理理念和经营理念。这些可以是明线，当然也可以是暗线。

A（answer）——做了什么，取得了什么效果、反馈。过去的案例已经有了结果。当然，这个结果可能好，也可能不好。好和不好都是客观的存在，都有可反思复盘的地方。而进行时的案例可能还没有“大结局”，这也不重要，反而更让人浮想联翩，充满期待。

很多案例的形成常常需要补充性信息，这些信息可以放在附件里面，比如行业研报、公司年报、公司的媒体报道、专访等，作为案例正文的补充。

切记不要将案例的提炼写成述职报告，它更像是一次事件的回顾。既要跳出来，看到一些大的背景，让大家知道整体的状况，同时也能钻进去，让大家看到重要的局部细节。把案例说清楚，让别人听明白，让大家感同身受，这就是最佳实践案例挖掘、整理、呈现的目的。

当然，今天，除了文字的形式，视频拍摄也是一个很好的补充手段。特别是配合一些当事人的专访、现场故事的还原等，也能起到非常不错的呈现案例的作用。

三、提炼属于标杆企业自己的方法论模型

很多企业都有自己耳熟能详的方法论，比如一提到阿里巴巴，很多人就会想到“三板斧”；一提到海尔，就会想到“日事日毕，日清日高”；一提到华为，就会想到“铁三角”等。这些企业自己的方法论成为企业向外输出影响力的名片。那么，标杆企业应该如何提炼这些方法论模型呢？

首先要澄清一个观点：方法论模型不是刻意的、人为的产出。绝大多数刻意的、人为做出来的所谓方法论，常常就是热闹一时即烟消云散。上面列举的耳熟能详的方法论，基本都是在企业内部被反复验证、反复应用、刻入企业经管和管理日常的理念，是经历时间的洗礼沉淀下来的。所以，方法论的“形”并不重要，不管是几板斧，还是几步法，还是几阶段，都不重要。方法论模型，首先要得到企业自己的员工的熟悉和认可。然后，它才具备“外溢”的能力和可能性，成为行业认可的东西。

但是，这么说并不是要否认经验提炼并予以模型化的意义。经验是碎片化的、隐形化的，容易因人而异，各有各的说法，各有各的解读，不容易形成统一语言，进而影响形成统一判断。方法论模型的提炼，重在员工容易理解，容易传播，这个比什么都重要。这个过程，可以适当借鉴外部的模型建构方法，但是，更要有企业自己的特色。

彼得·圣吉（Peter Senge）在《第五项修炼》一书中讲到，最佳实践的标杆管理可以打开人们的眼界，看到什么是可能做到的；但这也可能弊大于利，因为它把注意力引向零碎的模仿、抄袭和攀比。基于最佳实践经验提炼标杆企业的方法论体系并予以模型化，于内部、于外部，都是非常有意义的。

克里斯·科里逊（Chris Collison）在《英国石油公司组织学习最佳实践》一书中也提到，建立模型的目的是为知识管理提供一个持续一致的方法，这样每一个实践者可以将这个方法多次重复使用，直到“肌肉”被训练得可以自然使用它为止。到了这样的阶段，模型就用不着了，实践者会不知不觉地采用这个技术。

宋志平在他所著的《三精管理》一书中，曾提到中国建材集团的“八大工法”是如何产生的，其中也有宋志平作为企业一把手的思考：

中国建材集团有上千家成员企业，如何让这些企业清楚地知道集团的发展战略和文化，充分发挥资源集聚效应？在推行“三五”管理整合的基础上，我一直在思考一个问题：能不能从中国建材集团的管理模式中进一步提炼出简单易行的工法，听上去朗朗上口，用起来以一当十，便于一线管理者、员工记忆和使用。其实，这样的管理才能真正深入人心。

2014 年年初，我将过去多年的管理整合实践归纳为一套构架完整、提法精炼的管理学创新实践体系，命名为“八大工法”。它包括五集中、KPI 管理、零库存、辅导员制、对标优化、价本利、核心利润区和市场竞合。这里，我简单地介绍一下：

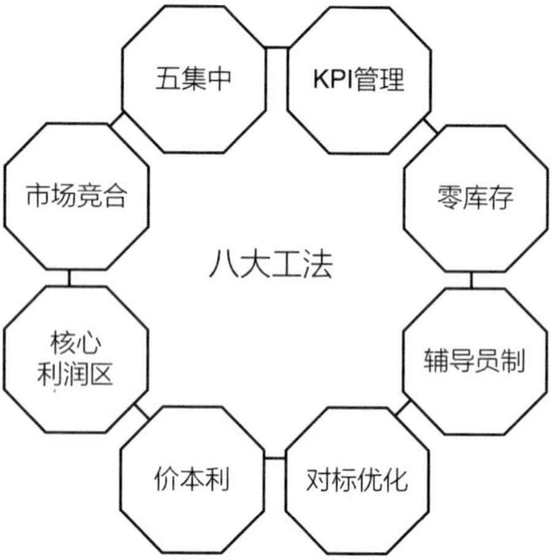

五集中：将重组进入的企业聚合为一个整体，解决了组织的负外部性问题，实现了规模效益和协同效应。

KPI 管理：用数字说话，聚焦影响企业业绩的关键指标，围绕这些指标不断进行管理改进与提升。

零库存：向精益生产要效益，通过加强物流管理，使库存在时间和空间上尽可能接近于零，有效利用资源，降低成本。

辅导员制：复制成功之道，通过选派辅导员来帮扶能力较弱的企业，把优秀的企业文化和先进的管理理念复制过去，助其尽快实现文化与管理的融合，进入良性发展轨道。

对标优化：以行业和内部优秀企业为标杆，以 KPI 为核心，定期对比主要经济技术指标，找出差距，做出改进。

价本利：是过剩经济下的选择，与量本利模式立足于单一企业的盈利相比，价本利模式更着眼于市场、企业全局以及整个行业。中国建材集团的各级企业对外做好市场营销，对内力争以销定产，维护区域市场供需平衡，重构合理的价格体系。

核心利润区：提升市场话语权。中国建材集团从全局战略出发，有重点地重组了区域内的一些关键企业，通过推进核心区域的联合重组和优化产业布局，实现了核心区域内资源与市场的合理有效配置，增强了对核心区域市场的影响力和控制力，在一定程度上获取了定价权，从而提高了企业的盈利能力。

市场竞合：促进市场健康化。中国建材集团的理念是，要实现水泥行业的可持续发展，水泥企业必须转变观念，从恶性竞争变为市场竞合，大家共同培育和维护健康的市场。多年来，中国建材集团充分发挥大企业的引领和导向作用，成为维护行业秩序和系统健康的中坚力量。

和传统的企业管理方式不同，中国建材集团的八大工法既包括了内部管理体系，也包括了外部市场建设的管理体系，实现了内控成本与外抓市场的完美结合。

八大工法这套组合拳是中国建材集团针对联合重组企业如何有效实施管理整合而提出的，并在企业管理实践中不断充实完善，以简驭繁、朴素实用，相当于中国建材集团管理方法的“武功秘籍”，具有较强的实用性、可操作性与可推广性，极大地提升了中国建材的整体管理水平，成为中国建材集团赖以生存和制胜的法宝。

四、标杆企业如何进行标杆实践的分享

现在，我们来梳理一下标杆企业最佳实践分享的做法。首先，聊聊最佳实践案例的用法，主要分为三大类：

（1）案例作为支撑观点的“论据”穿插在分享内容中。一次

分享，由多个有代表性的案例组成，分享会变得很接地气，而不是一些空洞的套话。

（2）案例作为分享设计的一部分。比如，在一天的交流中，在其中一个要点的讲解上，通过引入案例，一方面丰富分享体验，另一方面也实现让学员感同身受、学以致用的目的。

（3）案例作为一次分享的主体形式。比如，将一个完整的大案例作为一次分享的主题，通过解剖全过程，立体呈现一个主题下标杆企业的经验、做法，并延伸提炼观点。引用多个案例，串联多个观点，或是只围绕一个案例，做深度的解剖和延展，都是可行的。

在标杆学习的现场，我们常常建议分享人不只要成为“单项输出”的那个人，最好也能成为场域的引导促动者，激发学员的更多思考。特别是标杆企业如果将标杆学习产品化、市场化经营时，更要注意这部分的设计。通常，我们建议在案例分享之后，做如下几件事：

1. 话题讨论

话题讨论有多种形式，比如分享嘉宾布置统一话题，全班分组讨论，然后做小组呈现汇报。也可以由分享嘉宾做话题拆分，比如组织话题、业务话题、战略话题等，让不同小组认领不同话题进行讨论。

在话题讨论环节，最重要的是要明确讨论主题，这个听起来简单，实践中常常在这个环节出问题。因为案例本身具有多维度解读的可能性，如果在研讨主题上再不聚焦，就更容易出现跑题的情况，所以，要特别明确围绕什么话题进行案例研讨。

在标杆学习过程中，要鼓励学员从案例中来，又能适当跳出案例。因为案例受篇幅限制不可能面面俱到。但是，我们可以根据经验、常识做合理的推测。另外，有些案例信息不完整，会影响我们进一步判断。这时候，也要鼓励学员延展思考，我们应该继续挖掘哪些信息，这些信息从哪里可得，是否可得，如果不可得，我们是否依然能在信息不完整的情况下做出决策。

2. 话题聚焦

在案例教学中，“发散”的环节往往都做得比较充分。当学员投入其中时，大家会感觉到讨论得很畅快。但是，案例毕竟是“道具”，还是要和分享的主题、要点做关联，也就是说案例分享既能发散开来，也应该能够及时聚焦。

笔者曾经辅导过不少企业的高管来准备他们的分享内容。如果可能的话，以案例为背景，引入一些知识点，如模型、工具等来解释案例的情景，或解决案例中的问题，常常能带给听众、学员更多的收获。

对分享嘉宾来说，如果提一点进阶的要求，就是要具备更升维和多维的案例解读能力，这也需要分享嘉宾不断研究更多的案例，并能够把不同行业、不同企业的案例做进一步的融会贯通。

3. 案例延展

一个案例的分享、交流、讨论、点评聚焦之后，并不是学习的终点。企业学习的终点，一定是学以致用。如果可能，标杆企业的分享嘉宾可以和来访的企业打个配合，一起进一步做标杆学习的升级。我见过的几类方式各有千秋，也给大家做个介绍：

（1）让学员分析新的案例。比如，分析不同行业的案例、不同公司的案例，但是仍聚焦相似、相近的主题，这样学员可以趁热打铁，将学到的要点快速在另一个案例中进行应用。

（2）让学员写案例。围绕导入案例和教学要点，写一个同样主题的案例，建议是自己亲历的案例。用写作的过程来形成对课程的二次理解。

（3）让学员表演案例。围绕导入案例和教学要点，以小组为单位，创造一个小剧本，能够反映出课程的主题。表演案例看上去好像偏游戏化，实则非常考验学员。从剧本选题、剧本创作，到表演、剪辑过程的分工协作，到作品的路演、试播，需要学员能汲取教学的要点，并能跳脱出来进行新的诠释。这些作品，常常可以用于后面的教学，形成持续的良性循环。

（4）让学员进行实践性学习，比如一个真实课题的行动学习。学员先去实践，然后在一定时间后汇报自己的实践成果。这个实践过程本身又变成了企业新的真实的案例。解剖学员的实践案例，既是进一步的学习，更是一次公司实际问题的问诊、推进和解决。

从一次单向的分享，到一个话题的引导促动，这对分享者提出了很高的要求，同时分享者也会在这个过程中收获巨大，这是教学相长的真正价值。

五、分享人如何进行有效呈现

案例如何呈现，如何呈现得到位、精彩，如何激发起听众探索、讨论的欲望，这可不是件简单的事。文字呈现和口头呈现有不少不同。很多人喜欢照本宣科，让本来妙趣横生的案例变得索然无味，真有点暴殄天物。其实简单说，就两个要点：让别人听懂，让别人感同身受。具体来说可注意以下几个方面：

（1）切记案例呈现的魂是讲故事，不是读说明书，也不是述职。所以，如果可能，用讲案例、讲故事的方式去讲。

（2）有图有真相。图片的信息量比文字大很多，因此要擅用图片。比如，关于公司和公司的业务、产品，可以用一张图或照片让大家快速知道这个业务是做什么的。我们讨论的话题，如有合适的图片，比如当时的现场照片、关键人员的组织结构图、方案的主要模型等，也会帮助大家快速进入案例语境。

（3）案例分享的重点是说清楚挑战和冲突。一帆风顺的事没有太大的讨论价值，所有人都喜欢有波折、起伏的案例。案例中的一些细节，比如人物对话、内心旁白等常常能让挑战和冲突更立体丰满。

（4）案例分享要落到分析思路和解题动作上，重点是为什么这么想、这么干，当时可能的选项 A、选项 B、选项 C 是什么，为什么最后定的是选项 A，而不是选项 B、选项 C。做出决策的依据是什么。根据解题动作（也就是实际做出的行动）复盘这个分析思路是否正确，是否需要修正或者推翻。

（5）结论应该是案例讲述完自然生发出来的，建议不要在讲案例的过程中预设太多的假设和结论，留到最后总结升华。

（6）讲案例，不是要全面铺开一家企业的方方面面。所以，只需聚焦到一个具体场景，讲生动，讲透彻，这样就很好！

（7）如果这个案例最后的结果不是 Happy ending（好结局），也没关系，把里面的波折、起伏讲清楚也很好，这样的“不完美”，反而更容易激发大家的讨论。

六、分享人如何与听众互动

在标杆学习中，常常会预留一部分时间，让分享嘉宾和听众做互动。很多时候，互动交流的部分甚至比分享本身更精彩。作为标杆企业的分享嘉宾，如何在这个环节不丢分呢？

（1）无论是回应分享内容中的细节，还是回应一个大的话题，都要围绕一个聚焦的方向，避免发散。一件事，从不同的视角看，可以解读出很多层面的信息。如果没有明确的讨论方向，就容易产生自说自话、鸡同鸭讲的问题。所以，要明确主题、聚焦方向。

（2）互动交流要扎下去，钻出来。所谓扎下去，就是要抓细节，从细节中引申值得探讨深挖的部分。钻出来，就是要站在高一点的位置看问题，看到局部，更要看到整体。既看到当下的问题，也看到过往和未来。

（3）互动交流要有“建设性”。标杆学习的目的，既是为了学东西，更是为了激发大家的信心。所以，不要去评价来访的企业，尽量不要用负面、绝对的词汇，应以鼓励、激发为主。

（4）回答提问，要能够帮助学员学以致用。就事论事当然不错，但是更重要的，是能把分享的精彩之处和未来学员可以借鉴、应用的地方串联起来，向前一步。最好能将分享中的亮点和公司实际工作场景做个融合，效果更佳。如何可以这样，来访企业一定会“感激不尽”。

（5）注意举止礼仪。率性自我没问题，有自己的语言风格也没问题，但是，请保持基本的尊重——对听众的尊重，对来访企业的尊重，这是起码的职业素养。

七、把最佳实践挖掘常态化

很多企业已经开始认识到内部经验总结的重要性，都在开始准备成立自己的案例中心（或其他类似职能的部门），也有些企业已经先行一步。理想很丰满，但是现实常常很骨感，不少企业的案例中心筹备雷声大、雨点小，搞着搞着就搞不动了，甚至搞没了，非常可惜。这里面有很多“坑”，如果大家能提前做些准备，可以少走不少弯路。

1. 案例中心的定位问题

案例中心是服务于教学目的，还是服务于企业的管理目的？这是两个不同境界和维度的出发点。如果服务于一般意义的教学，没有太大成立的必要，因为只需通过课程开发过程，顺带着解决案例开发即可。案例中心的背后，凝聚的是一家企业的管理理念，是这家企业对知识管理的重视，是对从经验中学习的信仰。脱离开对企业理念的深度理解，仅仅是为了做案例中心而做，很难走得远。

2. 案例中心的组织设计

将案例中心放在培训中心（企业大学）有道理，放在其他部门亦有道理，没有绝对的好与坏。组织设计的背后是组织对一个部门的定位，这是再明显不过的道理。放在培训中心（企业大学）下面，可以更好地发挥案例与教学之间的关系，推进案例在教学场景的应用。放在其他部门，比如经营管理部或战略发展部，也有道理。因为这样离经营更近，离管理更近，让案例更容易发挥战略层面的指导意义。当然，案例中心也可以作为一个外设的与商学院或智库机构共建的一个团队，这时案例中心的公关价值会更大。

3. 案例中心的工作安排

要对案例中心的工作做专业化分工，不要混成一团。对案例选题、案例采写、案例产品化、案例运营，建议要分专人专岗来做，毕竟术业有专攻。

设计案例选题，就如前面我们谈到的，如果往纵深看，需要精细化解构公司的业务价值链、管理价值链，并形成战略级、业务级、团队级、人员级等不同层次的案例体系。除了解构价值链这一常规动作，还要不断基于“专家网络”“智库网络”“民间网络”来丰富选题来源。这些，往往需要大量的运营动作。

案例采写，由财经类记者出身的人来做当然有优势，但是未必其他岗位的人转岗过来就做不好。案例采写是个熟能生巧的活，看得多了，写得多了，自然会越写越好。案例采写的人要和业务场景、管理场景、当事人多泡在一起，要接战略，也能接地气。同时，案例采写的人要多去案例应用场景（比如案例课堂）转转，看看自己的案例到底写明白没有，用得怎么样。案例采写，当然应该定量考核，比如一年产出了多少篇，但是更重要的是案例的质量，比如被引用、采用的次数。

案例产品化不等于案例采写，这个事大家一定要想清楚。案例采写后，有了基础的文字素材。但是，究竟是将这些素材加工成用于案例教学的文字案例，还是基于案例做成场景化的沙盘模拟课程，还是做成用于企业文化的视频短片，抑或是用于日常碎片化的业务赋能，还是用作战略研讨会的核心输入，还是用于公司的外宣、雇主品牌打造，这些都是可能的产品化场景。所以，案例产品化的负责人要具备产品思维、客户意识，要把一道菜炒出不同的口味。

案例运营的岗位非常重要，因为这个岗位工作的好坏直接决定是否可以基于案例创造新的价值。知识管理公式 $KM=(P+K)^S$ 里，人（P）和知识、经验（K）的链接构成了知识的内核，分享（S）决定了知识管理的效用指数。案例运营也是如此，必须想清楚案例到底用来干什么，用在什么场景，然后思考选用什么话题的案例，需要多少案例，这些案例产出出来，不应该只是数字，而应该有它展示的舞台。案例运营的使命是要让案例在组织内外部流转起来，且要在流转的过程中实现增值。所谓增值，一方面是学员、听众的反馈让案例本身更丰富、更完整，另一方面是由一个案例激发出更多的话题需求，不断形成案例的飞轮。

案例中心还要有自己的知识管理系统。案例少的时候，一切都不是问题。当案例成百、上千、上万，案例就会变成不可承受之重。因此，要提前做好案例体系规划、案例标签设计以及案例跟踪机制，否则越到后面，越积重难返。

4. 从实体的案例中心到虚拟的案例委员会

要做好案例工作，光靠企业的一个部门是不可能完成的，无论为其配置了多少人。理想的情况下，案例工作要内化成管理行为和管理惯性，和公司的复盘文化、改进文化融合在一起。在绝大多数推进案例工作的企业中，常常是 PGC+OGC+UGC 混合的模式。

PGC 模式，完成人既可以是案例中心的全职案例采写专家，也可能是公司聘请的外部专业的案例写手。这些方法论专家独立完成一个案例的采写。

OGC 模式，也就是通过组织化的方式来采写一个案例。通常来说，OGC 操作的往往是公司级、战略级的案例。比如公司的战略转型案例、公司的投并购案例、公司的产业升级案例等，完成这类案例需要大量的访谈、调研，周期也常常在 3~6 个月，甚至更长。案例开发后，需要逐层评审，最后得到官方的正式认可。

UGC 模式，常见于企业里的各类案例征集大赛。当然，在案例教学中由学员自己提交的案例写作也可以归为 UGC 的范畴。UGC 的案例通常篇幅较短，话题大多聚焦在一些垂直领域，有些甚至就是几百字的故事。这些，构成了企业案例最庞大的分母。

一个企业的案例工作必须虚实结合，多点开花。唯有如此，才能在保质的基础上保量，才能在完成既定工作计划的基础上保持灵活性。这需要案例中心的负责人做好顶层设计。

5. 案例的信息风险管理

经营类的案例常常涉及大量的业务数据，对于这些数据，说者无意，听者有心，如果不慎留出，很可能给企业造成不必要的麻烦。做好案例信息风险管理，常常有以下几个必要的措施：

（1）案例的版权保护，案例版权通常征得当事人同意，由公司所有。

（2）案例的应用，要本着可用前提下的最小披露原则。很多时候，案例有完整版，也有删减版、精简版，可根据应用场景不同做选择。

（3）企业案例尽管讲究原汁原味，但是在不同的场合下，有必要做脱敏处理，包括人物、职务、数据、指标等。

（4）可进行案例的技术保护，如加密、数字水印等，要防患于未然，建立风险跟踪机制。

（5）纸质案例要注意现场回收，如是电子案例，尽量避免采取文档直接发送的方式，更建议采用在线阅读的方式。这些小细节非常重要。

八、标杆企业的知识管理与组织能力厚度

标杆企业的健康持续发展，靠的是能力的厚度和能力的持续生长。这里面，要处理好如下几组关系：

（1）一个人的能力与一群人的能力，要解决能力在员工中的复制问题；

（2）局部的能力与全局的能力，要解决部门间、地域间、业务间的迁移问题；

（3）当下的能力与未来的能力，要解决举一反三的问题，也要解决持续创新的问题；

（4）基于经验的能力与基于数字化的能力，要解决靠经验的口口相传的延续性问题，也要解决依靠数字化的工具、系统、智能等实现的内化问题。

中国曾经出现过很多明星企业，但其中有些企业因为一员“猛将”的离开就走向下坡路，或因为一个竞争的失败就陷入泥潭，其往往都是没有及时把能力予以沉淀并内化的结果。

杨国安在他所著的《组织能力的杨三角》一书中，特别提到了全球最知名的咨询公司——麦肯锡是如何做自己的知识管理和组织能力管理的，这尤其值得大家借鉴：

作为以整合全球知识和专长取胜的咨询公司，如何积累提炼、储存和重复利用不同项目取得的经验和专长至关重要。麦肯锡通过三个数据库，有效地管理和运用了这些宝贵的经验和专长。例如，客户服务数据库（firm practice information systems）储存了所有客户相关的信息，从全球各个办事处为该名客户提供咨询服务的最初提案，到最后的报告，以及所有相关的客户和项目信息应有尽有。专业知识库（practice development network）则是从不同专业实践（包括各个行业和不同职能）的角度出发，囊括了公司在所有实践领域所积累的行业知识、咨询方法和实践经验，写成不同的“白皮书”（white papers）。另外一个数据库是人才数据库（knowledge resources directory），里面按照每个实践领域列出了麦肯锡在该领域的全球专家名称相当于麦肯锡人才的黄页分类（talent yellow pages），这样一来，要搜寻相关领域的专家和他的联系方法就变得非常便利。

每一个人，每一段经历，每一个项目，每一件事，都沉淀成为企业的能力。这样的企业，不成功都难！

企业持续健康发展，依赖的是企业强大的组织能力。百年企业无一不是在发展历程中构建了强大的核心竞争力。这些核心竞争力，不因人的流动而流失，不因情境的变化而褪色，反而像“滚雪球”一样，随着时间的积累而越来越强，形成了企业强大的造血能力和自进化能力。

企业的各个业务场景中都存在着大量的宝贵经验。比如，在销售场景，如何拜访客户，如何向客户介绍产品服务，如何解决客户的异议；在生产场景，如何检修设备，如何做班组管理，如何做精益改进；在产品开发场景，如何调研需求，如何做市场测试，如何做商品企划等。企业的组织能力，就是由各个场景下的碎片化经验组成的。这些经验拼图构建了组织能力的整体引擎。

然而，在大多数企业中都存在以下几大严峻挑战：

（1）经验的个体化：经验存在于某个专家、高手的脑袋中，与个体高度绑定，人走经验就流失，无法变成组织的经验。

（2）经验的碎片化：经验没有经过系统的梳理、总结、提炼，常常是点状的，没有形成一张知识的网络，无法解决组织整体能力提升的问题。

（3）经验的数据孤岛：很多企业已经开始关注组织经验萃取的问题，开始有意识做复盘、总结等，也将这些材料上传到各自的文档管理系统中。但是，部门间的权限隔离和信息隔离，导致经验无法跨部门流动。

（4）经验的难复制：很多企业的经验在总结之后就被束之高阁，形成巨大的资源浪费。从场景中来，回场景中去，学习经验的目的，要落在解决问题和复制成功上。这背后需要经验萃取之后的知识管理，由此才能用起来，用得好。

如果这些问题不解决，企业就容易陷入“原地循环”的深井，不断尝试，不断推倒重来，着实可惜。目前，已有不少行业标杆企业走在了前面，并且形成了一整套可资借鉴的思路和打法。尤其是在数字化能力的加持之下，很多标杆企业的知识管理又上了一个新的台阶。

数字化时代，标杆企业构建组织能力从四方面入手：

1. 知识语料

不断收集、挖掘、萃取来自业务一线的优秀经验，不必刻意追求完整性、系统性，只要是实用的经验就都去跟踪收集。这些优秀经验要逐步累积成企业专属的知识语料，既包括理念、模式、方法论等，也包括工具、干法、话术、问题等，语料的形态可以由企业自己根据实际情况来定义。

2. 知识管理

设计组织知识管理的不同象限，先做“网格化”，再做“网络化”。知识的维度常见的有：

（1）领域维度：比如研发、生产、供应链、渠道、营销、销售等，以企业的业务价值链为维度。当然，可以在大颗粒下再细分小颗粒，比如在销售维度下，再按销售的过程分解成若干阶段的“小颗粒”。

（2）类型维度：比如案例、观点、方法论、SOP（标准作业程序）、常见问题、内部专家等，更多地与知识语料的载体相适配。

（3）业务维度：如果公司有多个业务线或产品线，还要叠加业务单元的维度。

（4）客户维度：比如按客户类型分（toB、toC、toG），或者按客户地域分（国内客户、国际客户），按客户与企业的关系分（潜在客户、新客户、老客户、忠实客户、流失客户）等。

维度细分的目的是让知识的应用更到位。通用的业务经验当然不错，但如果能针对具体的场景，显然更容易成功复制，这也是组织能力的重要体现。

3. 知识运营

知识运营，要做定位、规划，同时，也要思考逐步推进的阶段、步骤。看十年，做一年，考验的是组织做知识运营的管理能力。一般来说，我们推荐“能力外溢”“小切口、大纵深”“横向复制、纵向拓展”这三个路径。

（1）能力外溢。知识运营的起点，建议先从培训中心（企业大学）团队开始做试点。试点内容，就是围绕我们的学习项目、培训课程，通过项目、课程对应的主题做知识语料的拆解。同时，发动学员，围绕主题收集、挖掘、萃取知识语料，比如编写案例、共创问题、研讨解法等，把教学的过程和知识管理的过程结合起来。通过这个过程，沉淀培训中心（企业大学）做知识管理的打法，形成方法论。先影响学员，再影响学员所在的团队，最后影响学员所在的业务部门，实现从点到面的覆盖。

（2）“小切口、大纵深”。知识运营可从企业的业务价值链梳理做起，围绕重点业务场景，甚至是重点岗位的典型场景切入，把一个“点”打穿打透，围绕这个“点”把工作的流程、方法、技巧、问题、经验、工具、案例等梳理清楚，做到让这个场景可以被复制。从一个“点”出发，把点连成线，把线连成面，逐步实现企业内部从对知识运营的认知、体感，到认同、应用。

（3）“横向复制、纵向拓展”。对大型的企业组织而言，知识管理从一个项目、一个试点，到一个全组织的管理行动，需要系统的规划。这就需要在路径上遵循“横向复制、纵向拓展”的思路。横向复制，指的是先聚焦某一类场景、某一类岗位人群，从局部覆盖到广泛覆盖，实现某个业务象限或管理象限的知识调优。然后，从一类岗位迁移到相近的岗位，从一个场景迁移到流程上下游的场景，履带式推动影响力，辐射更多。知识管理是一个攒家底的过程，也是一个滚雪球的过程，更是一个厚积薄发的过程。数字化能力的加持，无疑会大大加速这个过程。

4. 知识应用

（1）培训课程开发：改变依靠讲师个人、专家个人开发课程的模式，以知识语料为基础，基于业务场景和目标人群，快速产出课程，持续迭代课程。

（2）业务最佳实践收集：通过培训项目、案例大赛、工作坊、分享会、共创会、内训师等途径，不断收集业务最佳实践，并将最佳实践变成知识语料进行再传播。

（3）业务提质提效助推：基于不同的业务场景、典型岗位，持续生成、迭代“业务红宝书”，不断梳理更优的业务流程和业务方法论，不断更新最佳实践，不断助力业务提质提效。

（4）培养人才梯队：过往的人才培养往往关注“粗线条”的

能力模型，对于很多工作场景、工作问题的涉入不深，同时，也很难做到个性化、定制化。通过知识语料的能力建设，可以实现更精准有效的人才梯队培养。

（5）生态赋能输出：通过持续梳理公司的组织能力，形成有形化、可视化的培训产品，公司可向上下游合作伙伴、产业生态输出公司的方法论、影响力。

以数字化知识管理为依托，重塑组织能力

在这个面向未来的数字经济时代，管理团队要不断思考智力资产之于企业的战略价值，以及如何升级甚至突破。

（1）业务价值：梳理沉淀业务方法论，不断更新最佳实践，让知识创造商业价值；

（2）组织价值：帮助公司建立更有效的人才梯队培养体系，使其更具场景性、问题性、针对性；

（3）个体价值：让员工主动分享、挖掘最佳实践，在过程中发现优秀个体，让个体价值浮现；

（4）生态价值：通过知识语料和方法论的沉淀，持续输出优质的知识产品，打造影响力；

（5）商业价值：以企业发展的“终”为培训的“始”，让培训创造过程价值、效率价值和成果价值。

管理创新，不单单体现在一个创意、一个产品、一个项目，更重要的是为组织构建面向未来的能力。企业的管理团队留给企业最好的财富，就是让创新性的最佳实践持续滚动地在组织内积累，并不断被应用放大。把一个个个体的创新、局部的创新、当下的创新，变成组织能力的一部分，站在未来思考当下的创新意义。

九、企业的管理自信和文化自信

笔者和很多企业的CEO、高管对谈时，都会尝试着去解读这家企业的管理自信和文化自信。一个企业有没有自信，不是嘴上说出来的，而是体现在一系列的行动上。

比如，有的企业，愿景、使命、价值观、理念、准则……空有一堆堆条目，但是如果追问为什么这些是“我们”这家企业独有的，而不是其他企业共有的，常常回答不上来。照葫芦画瓢，就是不自信。

比如，有的企业喜欢向外看，把高管派到商学院上课，派到海外游学，天天各个地方参观、访学，看似虚怀若谷、开放并包，实则是因为没有一个底层支撑，在盲目地打转。

比如，有的企业高层天天把某某理论、某某模型、某某最佳实践、某某标杆放在嘴边，好像挺高屋建瓴，但当我们问这家企业的中层、基层时，发现大家对此一脸茫然，不屑一顾。

这都源于企业的“自信”体系出了问题。不是只有财富500强的企业、上市公司、行业领头企业，才能有自己的“自信”，所有的企业都应该有自信。

自信，不是盲目地自欺欺人，说我们很好。而是能够客观回溯、总结自己的过往，能够从过往的经验中，不断提炼自己的价值体系和理念体系，以此指导这家企业未来的行动。

这种提炼，常常蕴藏在一家企业的无数个小故事里面，大家对于很多发生的过往如数家珍。当遇到问题，能不断和过往对照，并以开放的心态思考新的解法。不盲目否定自己，也不盲目吹捧自己，不卑不亢，正视现实，这才是一家企业真正的管理自信、文化自信。

企业在人才培养、业务赋能中，不断应用企业自己的案例，这是企业构建“自信”体系的开端。在这个转型变革的年代，所有企业都会不自觉地焦虑、浮躁，但是企业案例的沉淀，企业案例的应用，却宛如一颗颗定心丹，让我们在潮头浪尖依然能保持强大的心力。

十、案例：向丰田学习生态赋能

丰田创立于1933年，目前是全球最知名的汽车厂商之一，常年位居世界500强的前列。2022年，丰田以2 793.37亿美元的营收位列全球第13位，在汽车行业仅次于德国大众。

丰田在近90年的发展历程中，总结了无数经典的管理理论，众所周知的有：

丰田生产系统（Toyota Production System，TPS）：丰田生产系统是丰田在生产和制造方面的核心管理方法论。它强调精益生产、减少浪费、持续改进和质量管理。TPS的关键原则包括“精益”概念、及时制造、JIT（Just-In-Time）生产、Jidoka（自动化）和持续改进。

Kaizen（持续改善）：Kaizen是丰田推崇的一种持续改进的方法论。它鼓励员工从小改善开始，逐步迭代，寻找并解决生产过程中的问题，提高效率和质量。Kaizen强调团队合作和员工参与，以实现持续的改进和创新。

PDCA循环：PDCA（Plan-Do-Check-Act）循环是丰田在管理和问题解决方面的常用方法。它涉及计划、执行、检查和调整的连续循环，以确保持续改进。PDCA循环的核心是通过实施计划、收集数据、分析结果并采取行动来解决问题。

A3问题解决：丰田在很多年之前就提出，一个公司面临的所有问题可以且应该用一张 A3 纸来体现，这样可以使涉及此问题的人通过同一视角来了解它，这是 A3 的来源。A3 问题解决是一种结构化的方法，用于解决复杂问题。它通过使用一张 A3 纸引导团队进行问题分析、根本原因查找、制定解决方案和实施行动计划。A3 问题解决强调事实驱动和跨部门合作，以实现问题的持续改善。

Hoshin Kanri（**方针管理**）: Hoshin Kanri 是一种目标部署和策略管理的方法论。它帮助组织制定并有效执行战略目标，确保各个层级的目标与整体目标保持一致，并通过反馈机制进行持续监控和调整。

丰田是一个以持续改进和生态伙伴合作为核心价值的企业，他们通过一系列方法和实践来向生态伙伴输出自己的方法论。其中的一些做法包括：

聚焦共同目标：丰田与生态伙伴共同确定和追求共同的目标。他们通过建立共享的价值观和愿景，确保生态伙伴与丰田的方法论和理念保持一致，并共同努力实现设定的业务目标。价值观的输出、共识，奠定了业务实际合作的坚实基础。

提供培训和知识共享：丰田通过提供培训和知识共享的机会，帮助生态伙伴理解丰田的方法论和管理原则。他们举办研讨会、工作坊和培训课程，向生态伙伴持续分享丰田在生产、制造、品质、管理等领域的思想、方法论。

实地参观和示范：丰田鼓励生态伙伴参观其生产设施，亲身体验和了解丰田的生产方式和管理实践。这些参观活动可以让生态伙伴亲身直观地感受到丰田的方法和文化，并借此启发和激励他们在自己的业务中应用类似的方法。

赋能型合作关系：丰田与生态合作伙伴建立了长期稳定的合作关系，并与生态伙伴共同发展和成长。他们共同解决问题、改进流程，并分享彼此的最佳实践。很多合作伙伴的最佳实践也反过来被丰田所吸收消化。

指导和支持：丰田为生态伙伴提供指导和支持，帮助他们应用丰田的方法论和工具，包括提供专业咨询、指导改进项目、共同开展研发等，以确保生态伙伴能够顺利应用丰田的方法并取得可持续的改善效果。“相互嵌套”“共同成长”，这些理念早已刻入丰田和生态伙伴的骨子里。

丰田通过这些方法，与生态伙伴共同学习和成长，促进了整个生态系统的协同发展。这种合作和共享的方式有助于提高供应链效率、质量和创新能力，同时也推动了整个行业的进步和发展。

Aisin Seiki（爱信精机）是一家日本的汽车零部件制造商，为丰田提供传动系统等关键零部件。丰田希望 Aisin Seiki 能够提供高质量的产品，并与他们合作改进质量管理流程。为了实现这一目标，丰田向 Aisin Seiki 输出了丰田生产系统（Toyota Production System，简称 TPS）的核心原则。

丰田的工程师和专家与 Aisin Seiki 的团队一起工作，共同审查并改进生产线上的流程和操作。他们使用丰田的问题解决方法，例如“5WHY”和“PDCA 循环”，深入分析和解决生产线上出现的问题。通过持续的改进和反馈，Aisin Seiki 逐渐改善了生产流程，并提高了产品的质量和交付性能。

这种合作为 Aisin Seiki 带来了显著的效益。通过与丰田的合作，他们学习了丰田的质量管理方法，并将其应用到自己的业务中。Aisin Seiki 成功地减少了产品缺陷率，改进了交付性能，并提高了客户满意度。这些改进使得 Aisin Seiki 能够更好地满足丰田的要求，并进一步加强了与丰田的合作关系。

除了生产制造领域，在销售服务领域，丰田也同样不遗余力地帮助合作伙伴成长。

另一个具体的案例是丰田与其经销商合作的销售和服务改进：

Longo Toyota 是丰田在美国最大的合作经销商。双方通过共同改进销售和服务流程，以提供更好的客户体验。

在合作中，丰田与 Longo Toyota 分享了丰田销售和服务的最佳实践，包括销售流程管理、客户关系管理和售后服务标准。丰田的专家和培训师与 Longo Toyota 的团队一起工作，提供培训和指导，帮助他们应用丰田的方法论和工具。

通过这种合作，Longo Toyota 成功改进了销售流程，提高了销售团队的专业水平，并优化了客户体验。他们引入了丰田的销售流程管理方法，使销售团队更加专注于客户需求和满意度，并提高了销售效率。

此外，Longo Toyota 还改进了售后服务流程，确保客户能够享受到高质量的维修和保养服务。他们引入了丰田的服务标准和流程，通过培训技师和改进工作流程，提高了服务质量和效率。

这种合作使得 Longo Toyota 成为丰田在美国最大的合作经销商，并取得了业绩的显著增长，以及客户满意度的持续提升。

有人说，丰田不仅仅是一家企业，而是一整套蕴含丰田精神的全球范围的生态系统。在这其中，生态赋能和生态输出，显然起到了至关重要的作用。

第 21 章

中国标杆企业的生态赋能方法论

通过对阿里巴巴、腾讯、华为、方太等国内知名企业的研究，我们发现，生态赋能是标杆企业走到一定发展阶段之后的必然产物。因为所有的企业本质上都是生态的企业。企业的向前发展一定是和生态内合作伙伴协同共生、共同壮大的过程。这本质上是一群企业的胜利，是一种生态位的胜利。

作为标杆企业，赋能生态是一种能力主动外溢的表现。它跨越了组织边界，让能力滋养到生态中的合作伙伴，让彼此之间的交流更加畅通，让彼此之间的数据交换更加及时，让彼此之间的能力水位差趋于接近，让彼此之间对于产业未来的研判趋于一致，这些都构成了一股无形的力量，让一群企业创造了 1+1 大于 N 的效果。

我们可以进一步地去做一个拆解，看看生态赋能的目标对象、领域、主要方法和关键挑战。

一、生态赋能的目标对象

生态赋能的对象，取决于产业链上下游合作的特质，一般来说，包括以下几类：

1. 经销商赋能

对很多非直营的公司来说，经销商是业务模式设计得以实现的根本保障。虽然今天DTC（直接面对消费者）的风头越演越烈，但是不可否认，经销商是中国商业生态中非常重要的一个群体。无数企业都是在经销商的帮扶之下成长起来的。对很多企业来说，少则有几十家，多则有几千家、上万家经销商。这么多的经销商，如何与企业万众一心，力出一孔，是生态赋能的核心目的。

2. 技术人员赋能

对于很多工业类的企业、强技术属性的企业，产品、设备、解决方案的有效落地使用，需要合作伙伴、客户有相应的技术人员能够处理对应的技术问题，而非持续不断地驻场技术支持或远程技术支持。让合作伙伴的技术人员掌握相应的使用技术、运维技术，并通过相应的技术考试，持证上岗，是这类企业业务运营的有效保证。在医疗医药行业，厂商给医院医生的赋能，从大类上来说，也可以归为此类范畴。

3. 商户赋能 / 消费者赋能

今天中国有很多平台型企业，包括很多垂直行业的平台型企业。平台之上，有很多的商户，也有很多的消费者。这些平台的经营，常常依托于强大的商户赋能能力和强大的消费者赋能能力。商户要知道如何在平台之上依规经营，消费者要知道如何找到自己的所需并维护自己的权益。

4. 合作伙伴管理层赋能

从单纯的业务赋能、技术赋能，走向管理赋能，是企业间合作关系加深的重要表现。当合作伙伴愿意把管理问题暴露出来，与标杆企业深度共创，接受深度辅导之时，往往是生态中企业合作更上一层楼的表征。最近几年，我们看到了一种很有意思的现象，就是所谓的“二代班”——标杆企业为合作伙伴的“创二代”接班人做专门的培养。这是一种非常有前瞻性的制度设计，它的视角已经放在了未来，而非当下，更关注于影响，而非短期的利益。至于效果如何，不妨一起拭目以待。

5. 产学研结合

产学研结合的目的，一方面是解决产品研发、技术突破、商业转化等问题，另一方面则是从人才的角度，解决人才供应链的问题。发挥学术机构的研究能力和人才培养能力，发挥企业组织的市场洞察力和客户资源，两者优势互补常常可以迸发出非常强大的力量，实现校企间的强强联合。

二、生态赋能的领域

生态赋能的范畴，原不止给合作伙伴搞培训。我们打个比方，军人上战场，如何打胜仗呢？首先，要培训大家的军事技能，比如枪要开得准，格斗技巧要过硬。还有呢，要给大家合适的武器，火力要猛，最好还轻便，还不易出故障。再有呢，现在打的都是信息战，你要有一个强大的信息网络，告诉一线的战士们发生了什么，该往哪打。最后，我们还要训练兵种之间的配合，让海陆空发挥出协同作战的效力。你看，这其实代表了生态赋能的几个典型领域：技能赋能、工具赋能、信息赋能、协作赋能。当然，还远不止于此。

1. 技能赋能

产品、系统、解决方案可以买卖，但是能力常常不一定能够随着合同的签订而实现企业间的迁移。所以，赋能，首先是技能的赋能。无论是技术工程师的技术辅导，还是加盟门店的经营指导，抑或是医院医生的手术指导，这些都是技能赋能的典型场景。

2. 工具赋能

工具赋能既可以与技能赋能分开进行，也可以和技能赋能一起出现，因为这两者常常是合二为一的。特别是今天的商业，单纯的经验化的部分越来越少，无论是技术、经营还是管理，常常依托于系统和工具。工具赋能最忌讳的是就工具讲工具，这是典型的点状思维。工具赋能必须依托于具象的场景，从场景背后的痛点、问题出发，才能达到更好的赋能效果。

3. 信息赋能

信息赋能常常为大家所忽视，甚至还有人认为，信息赋能就是通通气，聊聊天，其实信息赋能远不止如此。比如在阿里巴巴平台上（无论是天猫、淘宝的国内零售平台，还是 1688 的国内批发平台）汇集了大量的商品数据和消费者数据。通过对数据的洞察和深度分析，常常可以对商业趋势做出预判。平台的趋势性研判，通过赋能，可以帮助商家更好地调整产品研发方向，优化供应链，以更好地满足市场需求，把握市场机会。

4. 协作赋能

今天的商业越来越像一群企业的战斗，而非企业个体的单打独斗。如何找到合适的资源，如何找到合适的合作伙伴，如何找到与合作伙伴合作的合适方式，无一不在考验企业的生态能力。阿里巴巴平台经常组织各类资源对接会，比如品牌商和带货达人的对接会、品牌商和TP（电商代运营公司）的对接会、供应链和商家的对接会、商家和物流服务提供商之间的对接会等，以拉通促进生态间的协作。对于平台上的服务市场，大家可以将其理解为一个更常态化的协作赋能。

除此之外，其他生态赋能的领域还有以下两个。

5. 资源赋能

普惠金融，面向中小商户提供低息甚至是免息的经营贷款；共享代码，把一些核心组件开源出来，让合作伙伴可以复用已经成熟的技术成果……这些都是资源赋能的一种形态。在商业的发展中，“小块头”的合作伙伴很多时候需要一些底层的资源支持。通过提供关键的资源，助力合作伙伴的发展，就是资源赋能。

6. 人才赋能

当一个行业走向成熟时，对于行业内的核心岗位，一定会出现一套约定俗成的人才标准。比如说，新出现的职业，常常会从一种所谓的新奇的社会现象，变成一群人的职业选择。一群人的职业选择背后，则是一个产业链中不断成熟的业务模式，包括对人才的需求。二十年之前，电商人才无从定义；今天，电商人才已经非常细分，包括运营人才、客服人才、美工人才、广告投放人才等。二十年之前，用户运营人才、商业智能人才、物联网技术人才等也无从定义；今天，它们正喷薄而出。生态赋能，最后的落脚点往往会在人才上。人对了，事就对了。

三、生态赋能的主要方法

依据合作的深度和操作的难易程度，我们将生态赋能的方法分为以下几类：

1. 会议交流

企业间的合作常常离不开会议。在会议中，除了业务问题讨论之外，从赋能角度做些结合是非常自然的一件事。因为占比不大，有些时候也不需要特别刻意地准备就可以安排，适应性很高。缺点当然也很明显，就是很多场景的赋能质量不高，而且掺杂了其他的非赋能目的。

2. 分享培训

分享培训的实质是单向输出。是做得好、有权威的人对其他人的输出。这种输出有时候是基于经验的，而非基于需求，所以常常出发点是好的，但是效果未必尽如人意。

3. 讨论共创

商业的问题，很多时候没有所谓的“标准答案”或“最佳答案”，最好的方式常常是“见多识广”“博闻强识”。所以，把生态合作伙伴组织在一起，讨论、共创问题的解法，不失为一种更客观务实的方法。比如，阿里巴巴在 2016—2017 年推动新零售阶段，就依托于大量的和品牌商的共创，形成了非常多的打法、策略，这些都演变成了行业的共识。当然，作为标杆企业，想要推动生态合作伙伴的改变、升级，很多时候也不能依赖单一的说教和命令。讨论共创的过程，其实更像是一种软性的影响过程。这种方式更容易得到合作伙伴的认同和支持。

4. 联合项目

比学习更进一步的，一定是“一起做事”。很多问题，需要上下游企业间的紧密协作才能解决。与其天天沟通，不如把人放在一起，形成联合的作战指挥中心。比如在天猫的双 11 期间，天猫的行业小二与头部品牌商之间就会形成一个工作组，一起打好双 11 这场仗。阿里云和客户之间也是如此。在一个重要的系统上线之际，双方会成立联合的作战小组，工作在一起，吃在一起，住在一起。这样项目做完，双方能力一定会有质的飞跃。

5. 人员互派

比联合项目更进一步的是人员互派。因为项目总有特定的目标、特定的期限，而互派人员则可以近距离、全方位地学习一个体系的能力。近些年，随着新能源车企的兴起，互联网汽车人才愈发炙手可热。但是如何培养所需人才始终是个大问题。不少整车厂和互联网巨头开始采取人员互派的方式，相互学习对方在互联网汽车领域的经验，通过这样的方式大大加速双方的合作进程。

当然，超脱开赋能这个象限，企业间当然也可以更进一步，比如从资本层面有更深的合作。但即便如此，企业也必须学会如何赋能自己的生态伙伴，哪怕是有投资关系的生态伙伴。因为赋能是个持续的过程，只要业务向前发展，赋能就不会停止。

四、生态赋能的关键挑战

生态赋能的意义其实很好理解，但是知易行难。在中国的企业实践中，还存在着各种各样的挑战，笔者将观察到的现象做了分类，供大家参考。

（1）标杆企业的自我经验总结不足。生态赋能，核心还是要回到最佳实践本身，要不断总结最佳实践，把最佳实践从具象的、碎片化的、感性的个体经验，不断抽象、总结、提炼出来，变成更普适的规律、方法。但是，很多企业的总结提炼能力不足，做零散分享可以，做系统输出难，很多时候还要靠外部的专家、顾问来萃取，这大大限制了赋能的速度和质量。

（2）标杆企业的管理自信不足。光“有料”是不够的，还需要有自信、有胆气对外输出，不怕别人嘲笑，敢于做“吃螃蟹”的人。中国企业，包括中国的企业家们，总体还是偏内敛的，总是喜欢向别人学习，向国外学习，较少有自信说自己已经是行业领先者，可以对外做输出了。但真实情况是，中国有非常多的优秀企业已经是世界的最佳标杆。这个时候，要重新思考我们的谦虚与生态赋能之间的关系。只有用输出倒逼自我不断提升，才不愧于一个行业标杆企业的担当和格局。

（3）生态赋能的手法过于单一。如今，企业培训技术已经发展得非常丰富、成熟，但是企业培训技术到生态赋能领域的延伸，实话说才刚刚开始。如今的生态赋能，大体上还是可以笼统地称为“生态培训”。大家还是倾向于认为所有的问题靠培训就可以一并解决。但哪有这么简单的事？就像做业务变革、企业变革一样，赋能往往要走心（改变情绪）、走脑（改变认知），然后才是手脚并用（改变业务动作），这需要多种的赋能干预手段。

（4）企业中生态赋能的主体部门不明确。生态赋能到底是谁的事？回答不清楚这个问题，我们所有的讨论就找不到落脚点，变成了形而上的东西。企业里面谁负责生态发展？有时候这个职能很分散。比如，技术的生态对接，业务的生态对接，采购的生态对接，是由技术部门、业务部门、供应链部门各自分开进行的。我们能不能化整为零，让各自部门负责各自的部分？可以，但要内化到各个部门的管理行动中。能不能成立一个统一的牵头部门？也没问题，比如阿里巴巴，就把这个工作放在了淘宝大学团队中。企业必须把生态赋能升级为一项重要的管理职能，而不能仅仅停留在锦上添花的阶段。锦上添花的事通常都做不好。

（5）行业开放度。中国的三百六十五行，每个行业都有自己的特殊情况。其中的开放度就是一个很有意思的变量。有的行业市场竞争特别充分，每一家企业都把对手看得清清楚楚，当然自己也被对手看得清清楚楚，所以交流起来没什么心理障碍。有的行业则封闭得多，特别是靠资源起家的，常常有些东西不希望被别人看到。所以，中国的行业交流特别有意思，有的行业活跃，有的行业很不活跃。当然，大趋势一定是走向开放的，因为今天靠藏着掖着来领先越来越难。企业都必须找到自己的独特竞争优势，而且要避免短板过短，这非行业交流不行。行业的开放度也不是一成不变的。有时候标杆企业自己开放了，一下子行业的棋盘就活了，这种情况也屡见不鲜。谁先开放，谁就有机会抢得头筹，这是大概率、大趋势。

（6）行业三方力量的成长还在蓄力中。生态赋能，在理想情况下，最好由行业标杆企业驱动，由行业的三方机构做承接和聚合，实现赋能层面的生态位合作。因为赋能本身对企业来说一定不是主业。但是对行业三方机构来说，是完全可以成为一个不错的主业的——从生态赋能切入，串联行业资源，赋能行业内的企业共同发展。目前，国内的房地产行业、医疗医药行业、电力行业、银行业、智能制造行业等，都有一些颇有体量的三方机构。垂直行业的三方机构值得期待。

（7）生态赋能本身的方法论沉淀。生态赋能，从阿里巴巴提出之后，受到了国内越来越多企业的重视。但是生态赋能从最佳实践开始，如何提炼总结，如何产品化，如何借助各种渠道、各种场触达合作伙伴，如何与合作伙伴协同共创，如何通过生态赋能推动业务的发展，推动企业协作关系的加深，这些都还在摸索、形成中。本书希望能成为生态赋能方法论探讨的一个起点，帮助更多的中国企业认识生态赋能的重要性，并真正助推一批世界级的行业标杆企业。

后　记

AI时代的标杆学习

随着ChatGPT的热度飙升，不断有培训行业的朋友与我们讨论AI时代的标杆学习。笔者与标杆赋能研究院的专家们做过一些研讨，达成了一些共识，写下来给大家做个参考。

一、ChatGPT在标杆学习中的基本应用

1. 产业宏观

我们做标杆学习，通常的逻辑是先看产业宏观，再看行业赛道的竞争，最后再看业务层面的问题。ChatGPT尤其擅长宏观层面的分析，可以帮我们快速对一个行业有整体的了解。我们以酒店行业为例，让ChatGPT帮我们分析一下影响这个行业发展的宏观要素，并回顾一下这个产业的发展历程。

【我的问题】

我是酒店行业的研究者，我想了解一下酒店行业发展受到哪些宏观要素的影响，过去酒店行业在全球发展中经历了哪些重要阶段。

【ChatGPT 的回答】

您好，作为 AI 语言模型 ChatGPT，很高兴为您解答问题。

酒店行业发展受到哪些宏观要素的影响？

酒店行业的发展受到多个宏观要素的影响，其中主要包括：

经济因素：全球经济发展水平、人均 GDP、社会财富水平等都会对酒店行业的需求量产生直接影响。

政治因素：政府政策、政治稳定性、旅游政策等因素也会对酒店行业的发展产生一定的影响。

技术因素：随着科技的不断发展和推广，酒店行业也在逐渐变革，如智能化、数据化、自动化等方向的应用将会成为酒店改进的方向之一。

社会文化因素：消费者需求的变化，旅游方式和偏好的改变，文化背景的差异等也会影响到酒店行业的发展方向和市场需求。

环境因素：环境保护、可持续性发展等新潮流在全球范围内获得了广泛关注，这些因素也会对酒店行业的可持续性和市场需求产生影响。

过去酒店行业在全球发展中经历了哪些重要阶段？

酒店行业在全球范围内经历了从简单住宿到高端豪华酒店的演变过程，主要包括以下几个阶段：

初创期：此时酒店仅提供最基本的住宿服务，通常是针对商务旅行者、学生等提供的廉价住宿服务。

标准化时期：随着生活水平的提高，人们对住宿条件的要求也越来越高，酒店逐渐开始标准化建设，提供更加舒适、卫生的住宿环境。

高端时期：随着旅游观念的转变和生活品质的提高，高档次的酒店开始出现，他们提供更加奢华、高端的住宿和服务体验，如五星级、六星级甚至七星级酒店。

特色化时期：在竞争激烈的市场环境下，酒店开始寻求差异化，通过提供特色化的住宿环境和服务体验来吸引消费者，如主题酒店、精品酒店等。

数字化时期：随着科技的不断发展，数字化成为酒店行业的新趋势，酒店开始采用智能化、自动化等相关技术，以提高服务效率和客户体验。

怎么样，总体还不错吧。ChatGPT 帮我们快速搭建了一个行业的基本背景知识框架。

2. 行业竞争

行业竞争是一个做企业都逃不开的问题——我们在行业中处于哪个位置，我们前面有哪些企业，后面有哪些企业，各企业间市场份额和优劣势等。在一个行业里面久了，我们很容易形成一种认知，认为我们对这个行业非常了解。其实，经常问问 ChatGPT，也许会给我们不一样角度的启发。

【我的问题】

我是一个酒店行业的从业者，我想通过市场研究来优化我的经营策略。请帮我分析一下中国连锁酒店行业排名前五的酒店品牌有哪些，它们各自的优势、劣势是什么，各自有哪些值得行业新入者学习的地方。

【ChatGPT 的回答】

好的，以下是中国连锁酒店行业排名前五的品牌及它们各自的优势、劣势和值得学习的地方：

锦江之星

优势：拥有国内知名的酒店品牌，覆盖全国200多个城市，价格实惠、品质可靠，通过创新营销手段提高知名度。

劣势：缺乏高端酒店的品牌形象和定位，以经济型酒店为主。

值得学习之处：锦江之星注重标准化管理和降本增效，同时保证服务质量，可以作为其他品牌学习的经验。

如家酒店

优势：是国内成立最早的连锁酒店品牌，拥有广泛分布的房源，在价格、服务等方面具有竞争优势。

劣势：在一些城市还没有建立起良好的品牌形象。

值得学习之处：如家酒店将“便捷、舒适、安心”作为服务宗旨，通过数字化和标准化手段提升效率和服务质量。

汉庭酒店

优势：拥有高品质的装修和服务，覆盖全国各地区，打造了多个主题酒店，如汉庭精选、汉庭尊荣等，满足消费者不同需求。

劣势：会受到城市政策、经济环境等不确定因素的影响。

值得学习之处：汉庭酒店注重人才培养和发挥团队作用，同时关注品牌形象的塑造和保护。

香格里拉酒店

优势：国际知名品牌，在豪华酒店市场上占有一定份额，服务质量和设施设备都非常优秀。

劣势：价格昂贵，面向的消费群体有限。

值得学习之处：香格里拉酒店在服务质量和客户体验方面做得非常好。在人性化服务和高效管理方面值得学习。

宜必思酒店

优势：在中国市场上具有强大的竞争力，以“智慧型酒店”

为品牌特色，通过数字化手段提升服务效率。

劣势：品牌知名度不如其他连锁酒店品牌。

值得学习之处：宜必思酒店通过数字化手段提高管理效率和服务质量，同时注重社交网络的运用，可以为其他品牌提供借鉴。

ChatGPT 3.5 版本提供的数据还停留在 2021 年之前，所以，数据的准确性和时效性方面可能存在一些问题。但是，对于我们宽口径、粗颗粒地了解一个行业的竞争格局已经够用了。

3. 业务分析

对于业务分析，我们可以从两个维度展开。一个维度，是从行业生态价值链的角度，看企业与上下游之间的关系，不断思考与谁“合作”的问题。另一个维度，是企业内部的业务价值链该如何不断调优，以实现“协同”的问题。我们可以借助 ChatGPT，帮助我们把这两个问题思考得更清楚，同时，不断深挖每个价值链、业务链上的最佳实践，做精准化的“靶向提升”。这里面，建议企业一定要在问问题上“穷追不舍”。ChatGPT 的好处之一就是“百问不烦”。其实，不断提问的过程，就是我们理清思路的过程，也是不断挖掘问题根源的过程。唯有这样，才能找到业务问题真正的突破口。

【我的问题】

我是一个酒店行业的管理者，请帮我完整梳理一下酒店行业的业务价值链环节，帮我提示每个环节经常出现的 3 个问题，并给出解决这 3 个问题的建议。

【ChatGPT 的回答】

酒店行业的业务价值链环节包括：前厅、客房、餐饮、会议、销售和市场营销、后勤和维护。

前厅

问题一：服务质量不高，导致客户投诉率过高。

解决方案：提升员工服务素质，进行专业培训，强化员工服务意识，建立服务标准和流程，并通过各种渠道收集客户反馈，及时改进服务。

问题二：前台排队等候时间长，影响客户满意度。

解决方案：增加前台窗口，优化前台流程，引入自助设备，提升前台工作效率，以最快的速度为客户办理手续，缩短等待时间。

问题三：安全风险高，容易发生安全事件。

解决方案：加强安保力度，规范管理制度，完善监控系统，加强对员工的考核和培训，严格管理钥匙和门卡。

客房

问题一：客房卫生不达标，影响客户入住体验。

解决方案：加强保洁人员培训，设置岗位责任制，引入清洁检查机制，保证每个房间的清洁质量。

问题二：客房设施老化，维护保养不及时。

解决方案：建立完善的维护保养制度，定期检查设施设备，及时进行维修或更换，确保客房各项设施正常运作。

问题三：客房设施不满足客户需求，不能提供个性化服务。

解决方案：了解客户需求和偏好，提供多元化的设施和服务，包括床品选择、枕头选择等，让客户享受到更加舒适和贴心的服务体验。

餐饮

问题一：菜品口味单一、创新不足，无法吸引顾客。

解决方案：注重厨师培训，建立创新菜单和研发团队，采用优质食材并结合当地特色，提升菜品口感和营养价值。

问题二：餐厅环境陈旧，装修不够精致，影响用餐体验。

解决方案：重新装修和布置餐厅，注重细节设计，打造舒适、温馨、雅致的用餐环境，提高客户满意度。

问题三：服务流程混乱，服务质量不均衡，导致顾客投诉率过高。

解决方案：进行服务人员培训，建立服务标准和流程，并在实际操作中加强监管和考核，确保服务质量的稳定性和持续性。

（剩余略）

我们经常说，业务管理者要具备全价值链视角，但实际上我们难免有顾此失彼的情况。ChatGPT 就好像我们身边的智囊，帮我们不断提示那些我们可能应该关注但却忽略的领域。

4. 技术分析

随着数字经济时代的到来，技术对商业的影响越来越大。没有技术思维、数字化思维的企业很难获得长久的发展。根据技术趋势，不断思考业务 + 新技术，甚至是新技术 + 业务模式重构，唯有如此，企业才能不断在降本增效、新增长中获得新的发展机会。

【我的问题】

在酒店行业的发展过程中，曾经有哪些重要的技术对酒店行业产生了重要的影响？如提升了效率，解决了问题，或者推动了业务的增长等。面向未来，有哪些新兴的技能可能会对酒店行业产生影响？如何影响？

【ChatGPT的回答】

在酒店行业的发展过程中，曾经有一些技术对酒店行业产生了重要影响，包括：

计算机和互联网技术

计算机和互联网技术的普及使得酒店业务更加流程化，提高了效率和准确性。例如，预订系统、网络销售渠道、数据分析系统等都大大提高了酒店运营效率和客户体验。

移动设备和移动支付

移动设备和移动支付技术的兴起为酒店行业带来了新的便利，顾客可以通过手机预订房间、办理入住和离店手续，并且通过移动支付完成付款，增加了客户的购买决策速度。

人工智能技术

人工智能技术应用于酒店行业，可以提高客户服务质量和满意度，并且减少成本。例如，智能客服系统、人脸识别技术、语音识别技术、智能客房控制系统等都可以提供更加人性化的服务。

面向未来，新兴技术可能会对酒店行业产生以下影响：

5G技术

5G技术的应用将会大大提高酒店网络速度和稳定性，加快互联网时代下的酒店数字化转型，优化客户体验。

虚拟现实技术

虚拟现实技术可以为酒店提供全新的沉浸式体验，例如客户可以在没有出门的情况下实现远程预览，参观酒店、产品和房间等。

区块链技术

区块链技术可以在保障用户隐私和数据安全方面发挥作用。例如，将顾客数据存储于区块链上，可以保证数据不被篡改或丢失，同时维护客户信息的机密性。

总之，新兴技术的应用将会让酒店行业更加智能化和数字化，从而提升效率、满足客户不断变化的需求，并推动行业的持续发展。

怎么样？ChatGPT 的回答和你想的一样吗？那些不一样之处就是有价值的地方。

5. 管理分析

企业的发展终究要落在管理上，落在团队和人身上。但是，管理模式、组织能力不可能是一成不变的。在每个发展阶段，企业都需要不断刷新自己的管理能力。ChatGPT 给我们提供了一个关于管理能力分析的另类视角，可以帮我们看到更多，想到更多，改变更多。

【我的问题】

90 后、00 后进入职场后，传统的酒店行业管理模式遇到了很多挑战。请帮我围绕 90 后、00 后人群的特点，分析酒店行业的管理风格、管理模式如何做优化升级，以便能适应新的职场人群，实现新的匹配。

【ChatGPT 的回答】

90 后和 00 后是新时代的主力军，他们在职场上的特点和需求与前几代人存在很大差异。为了适应这些新的变化，酒店行业的管理风格和模式需要做出优化升级，以满足这些年轻人的需求和期望。

灵活性

90 后和 00 后更加注重工作和生活的平衡，他们更愿意选择具有灵活性的工作方式，例如弹性工作制、远程办公等。因此，酒店行业可以着眼于提供一些灵活的工作机会和办公环境，使得员工能够自由地安排工作和生活，从而提高员工的工作积极性和效率。

科技化

90后和00后作为数字原住民，在科技方面比前几代人更加熟练和敏感。他们喜欢使用各种数码产品，包括智能手机、电脑、平板电脑等。酒店行业可以利用科技化手段，为员工提供更加智能化的工作环境，例如智慧工作室、智能客房管理系统等，从而提高员工的工作效率和体验。

快速反馈

90后和00后的特点之一是喜欢快速反馈。他们更加注重沟通和反馈，希望获得及时和准确的信息和回复。因此，酒店行业可以优化信息反馈机制，建立高效的沟通平台和反馈渠道，从而提高员工满意度和工作积极性。

多元化

90后和00后具有多元化的文化背景和生活经验，他们希望在职场上能获取丰富的经历和成长机会。因此，酒店行业可以注重多元化的人才培养和发展，提供多样化的岗位和晋升路径，鼓励员工不断学习和成长。

平等性

90后和00后更加注重平等和公正，在职场上希望获得平等的机会和待遇。因此，酒店行业需要建立科学、公正和透明的考核和激励机制，确保员工能够公平地获得认可和奖励。

总之，面对90后和00后的职场需求，酒店行业需要不断优化和升级管理风格和模式，使其更加贴合新的人群特点和需求，并为员工提供更加高效、舒适和充实的职场体验。

以上，我们以酒店行业为例，展示了 ChatGPT 可以给我们带来的一些帮助。其实，ChatGPT 也好，AI 也好，包括其他数字化的工具也好，它们的作用发挥终归还是要落回到我们管理者的思维认知上。只有拥抱新技术，才能用好新技术。新商业与新技术共舞，才能走向更广阔的未来。

二、从历史发展看未来趋势

我们曾研究过不同行业的发展演化历程，有两条主线是非常清晰明确的：一条主线是商业模式，一条主线是技术进步。技术进步会演化出很多商业想象空间，比如电力的出现带动了发电、家用电器、工业电气等一系列新的产业和新的商业形态。再比如互联网的出现，带动了一批以互联网为核心竞争力的企业，也产生了电商、O2O 等新型的商业模式。而商业模式的演化，也会催生出新的技术需求，推动新的技术进步。比如电商的双 11，在以数十亿计的高并发订单下，加快了云计算能力、金融支付能力、物流智能网络等的演化。

历史的车轮不断向前。通过回看历史，能让我们更好地感知和预判未来。就像我们常说的，阶段不可跨越，时间可以缩短，这就是回看历史的价值。我们常常在短期内高估了新技术对企业的影响，而长期内又低估了它的影响。所以，站在长期的角度看对当下的影响，才可能得出一个客观的评判。

未来的商业社会，技术的进化会越来越快，消费者的需求会不断得到更及时、更优质的满足，而在这个过程中，商业模式也会越来越快地进化。以消费者需求为中心，企业不断提供更优质的产品或服务，不断追求增效、降本，甚至是新模式的跨越，这些商业的主线依然发挥作用。

三、以 ChatGPT 为代表的 AI 工具可以解决的问题

如果我们设计标杆学习，更多地是希望获取相关企业的信息、资讯，比如一家企业的发展历程、大事记、核心高管的履历背景、企业的核心产品、行业相关的发展状况等，那么 ChatGPT 可以帮助我们快速检索、整理并提炼很多信息，并给出高质量的答案。这个过程，常常可以帮我们省去大量的人工搜集、整理的时间。

相较于人类的经验学习，以 AI 为代表的机器学习最大的优势在于它对海量信息的处理能力，并能够通过逻辑训练、算法训练，不断拟合贴近专家的思考逻辑，甚至超越专家。所以，标杆学习中“应知”的部分，特别是需要做大量信息整合的部分，用 AI 来解决再合适不过。另外，前面我们在标杆学习设计中，提到的“事前学习”的部分，也可以借助 AI 提升很多的效率。

四、以 ChatGPT 为代表的 AI 工具暂时还解决不了的问题

标杆学习的目的通常不是为了听个信息，了解个情况，而是为了去对标最佳实践，在标杆学习的过程中取长补短，实现最佳实践的迁移。

所以，标杆学习有几个非常重要的关键点：

第一，标杆企业何以成为标杆？我们进行标杆学习，不是为

了听这个企业有多厉害，这些东西通过经营数字、媒体报道就能看到。关键是了解标杆企业是如何做到的，靠的是什么，核心竞争力是什么，过程中经历了哪些重要转折，他们成败得失的经验是什么。这些东西常常是“隐形的”“碎片化的”“非公开的”，甚至在标杆企业内部也是不完整的，有视角差异的。这也就意味着标杆学习需要大量的信息整合、信息消化工作，这些暂时只能靠有经验的管理者或专家来做。

第二，我们需要向标杆企业学习什么？很多书上讲，人最难的不是“知人”，而是“自知”。其实企业也是这样，“知己”往往是比“知彼”更大的挑战。很多企业因为文化、机制、管理层风格等原因，是不愿做自我解剖的，不愿意把自己的缺点和问题暴露出来。在这样的环境中，从出发点开始我们可能就是混沌的，自然大概率就是去听听泛泛而谈的东西，而不是有的放矢地做针对性的标杆学习设计。了解自己的问题、了解相对于同行的长短板，这些问题常常很难靠量化的指标，往往需要管理层的经验判断。

第三，我们如何在标杆学习后学以致用。同样是去一家以创新著称的企业标杆学习，学习结束后，有的企业开始在用户调研上下功夫，有的企业开始关注产品的功能创新，有的企业关注产品交付中的服务体验问题，有的企业开始着手改进产品研发体系，有的企业则将着眼点放在了创新文化和创新机制的打造上。你看，去了同样一家标杆企业，学习的内容也基本一致，但是对企业的触动是截然不同的，学后的行动点也大相径庭。这里面其实没有对错，因为标杆学习学到的东西，必须跟企业所在的行业、业务进行适配，只有合适的才是好的，不能东施效颦、盲目模仿。这个学以致用的适配过程，也依然需要管理层的经验判断。

简单来说，AI 擅长解决“怎么去”的问题，但是,“去哪里”“为什么去”“接下来怎么办”这些问题，还得我们自己拿主意。

五、用 AI 来改进提升标杆学习

过去，受限于标杆企业的接待能力、参访企业的时间成本、标杆学习相关的技术手段等要素制约，标杆学习常常呈现“点状”，没办法做成体系化的管理提升工作。在 AI 相关技术的加持下，我们有望看到全新的局面。

1. 点：用 AI 改进标杆学习项目设计

在未来相当长的一段时间，标杆学习项目依然会广泛存在，并成为企业学习体系中越来越重要的一部分。传统的标杆学习只重“事中”，不重“事前”和“事后”的问题，这一点有望在 AI 的支持下得到改善。事前学习，通过 AI 整理分析目标企业的基本状况，能够让学员对目标企业有全面立体的了解。同时，可以借助智能问答，把一些已经有明确答案的问题提前消化掉，以便在“事中”提出更有质量的交流话题。事后，可以标杆企业为关键词，制定持续的跟踪学习机制，由 AI 持续跟进目标企业的新进展，从一次对标做到持续对标。

2. 线：把标杆学习对象从一家企业变成一批企业

在每个领域，值得我们深入学习的企业一定不止一家。因为各家常常各有特色，很难整齐划一成一个模式。但是，受限于我们的时间、精力、学习预算，我们常常只能忍痛割爱，选择其中一两家进行对标学习。但是，AI 有望帮我们实现我们过去想做但做不到的事情，在市场、产品、客户、服务、创新等垂直领域，帮我们持续跟踪其中优秀企业的发展动向，让我们的视野打开，看到一个领域内的百花齐放。从某种意义上说，AI 辅助下的标杆学习，甚至有了“管理内参”的作用。

3. 面：把标杆学习做成日常的管理改进行动

标杆学习的目的和落脚点一定不在“学习”上，而在于对标标杆企业，取长补短，实现最佳实践的迁移，所以，“用”是目的，“学”是手段。接下来，一个管理层普遍关心的话题是，我们能不能把一次性的标杆学习，变成日常性的管理改进行动呢？这既关系到所谓的技术可实现性问题，也关系到公司的管理模式问题。对标管理，首先是管理的一种模式和手段，把持续对标最佳实践作为不断改进、提升的助推力。这个过程，一定要量化，一定要数字化，才可能实现。另外，外部的数据、信息，也要和内部的数据、信息打通，这样才能实现数据的贯通，进而实现数据辅助决策，甚至是数据智能决策。

4. 体：将标杆实践作为生态体系的赋能基座

我们之前也讲到了行业的领先企业如何去做生态赋能的问题。生态赋能，赋的是什么？资源、政策、产品、信息、能力，都是赋能的组成部分。这个能力的输出源，既包括了领先企业自己，也包括了生态中诸多生态伙伴的优秀实践。所以，阿里巴巴提出，生态赋能的核心是“商家帮助商家”，也就是说，生态中的合伙伙伴要相互赋能。今天，一个紧密的商业生态已经逐步实现了生态伙伴、上下游之间的互通。下一步，在 AI 技术的加持下，最佳实践也会在生态伙伴中加速互通。这会让商业生态更加枝繁叶茂，也会促进商业社会的进一步发展。

参 考 资 料

［1］魏江，刘洋．李书福：守正出奇［M］．北京：机械工业出版社，2020.

［2］曹德旺．心若菩提（增订本）［M］．北京：人民出版社，2020.

［3］杨国安．数智革新：中国企业的转型升级［M］．北京：中信出版社，2021.

［4］宋志平．三精管理［M］．北京：机械工业出版社，2022.

［5］科里逊，帕塞尔．英国石油公司组织学习最佳实践［M］．李准，译，北京：机械工业出版社，2003.

［6］张军，董其贵，何伟．新标杆学习［M］．北京：中国商业出版社，2019.

［7］美的官网，www.midea.com.cn

［8］海尔官网，www.haier.com

［9］华为官网，www.huawei.com

［10］阿里巴巴官网，www.alibabagroup.com

［11］腾讯官网，www.tencent.com

［12］招商银行官网，www.cmbchina.com

［13］中国平安官网，www.pingan.com
［14］华润集团官网，www.crc.com.hk
［15］中粮集团官网，www.cofco.com/cn
［16］比亚迪官网，www.byd.com
［17］万科官网，www.vanke.com
［18］阿里云培训中心，edu.aliyun.com
［19］青腾，tencentx.com
［20］方太文化研究院，www.taiwenyuan.org.cn